València

AF237842

Triangle·Books

Valencia imprescindible
Texto **Jaime Millás**

Valencia
imprescindible

Ciutat Vella p. 08 | **La Seu** p. 11 | **La Xerea** p. 24 | **El Carme** p. 32 | **El Mercat** p. 42 | **Sant Francesc** p. 50 | **Velluters** p. 57 | **El Eixample** p. 58 | **El Eixample modernista** p. 61 | **Russafa** p. 67 | **Jardín del Turia** p. 70 | **Ciutat de les Arts i les Ciències** p. 82 | **El puerto, el Cabanyal y las playas** p. 90 | **Ciudad de futuro** p. 100 | **L'Albufera y L'Horta** p. 106 | **Fiestas, tradiciones y gastronomía** p. 116 | **Y también...** p. 126 |

Anexo **Rutas temáticas**

Valencia, ciudad mediterránea,

con una historia cultural y social de 2.000 años, mantiene vivo un patrimonio artístico y natural de primer orden. Valencia es gótica, barroca, modernista y contemporánea. También ciudad árabe, aunque de aquel patrimonio queda en pie muy poco. También romanos y visigodos dejaron notables huellas. Asimismo los íberos, en colinas cercanas.

Ciudad abierta al mar, lideró en el siglo xv el comercio del Mediterráneo y la actividad política y cultural de la Corona de Aragón. Los destinos del Vaticano estuvieron en aquel tiempo en manos de los valencianos Borja (Calixto III y Alejandro VI).

La Lonja de los mercaderes representa el icono gótico de esta hegemonía geopolítica y una de las maravillas arquitectónicas, declarada por la Unesco Patrimonio de la Humanidad. El esplendor de la época lo reflejan la monumentalidad de la Catedral, el Santo Grial que conserva entre sus sólidos muros y los maravillosos retablos góticos colgados en las salas del Museo de Bellas Artes.

Lonja de la Seda

Todos los estilos arquitectónicos están reunidos en el patrimonio de Valencia, porque siempre fue una ciudad receptora de culturas a través de sus rutas marítimas, y por caminos del interior y el litoral. Se encuentra en el kilómetro 9.090 de la ruta internacional de la seda. Cada año en Fallas los vestidos de seda de las falleras evocan una tradición industrial, esencial para el municipio.

El estilo de vida meridional se descubre en sus calles, en sus playas y restaurantes, en los mercados y plazas. La vida cosmopolita está marcada por los miles de visitantes que admiran lo antiguo y se deslumbran con la monumentalidad del nuevo urbanismo. Valencia es un auténtico placer para la vista. Está llena de matices y contrastes.

Goza de un centro histórico de grandes dimensiones, en el que los edificios barrocos forman parte de su identidad. La Puerta de los Hierros de la Catedral, marcada por la influencia de Bernini, la iglesia de San Miguel de los Reyes, la parroquia de los Santos Juanes, situada frente a La Lonja, la iglesia de San Nicolás, y otros numerosos templos y palacios de la ciudad ilustran el entusiasmo con el que los maestros y artistas

Catedral

valencianos asumieron las pautas del estilo barroco. Supieron combinar, en muchos casos, la estructura de base gótica y medieval con la nueva piel arquitectónica y ornamental del espíritu barroco.

En el paso del siglo XIX al XX Valencia vivió otra de sus etapas históricas de profundos cambios. Ayudó a la transformación urbana el crecimiento económico generado por el comercio de cítricos y la industrialización de sectores artesanos. Se derribó la muralla que protegía desde tiempo de los árabes el núcleo histórico, y se promovieron unos ensanches donde se construyeron magníficos edificios de arquitectura modernista y neogótica. Francisco Mora fue el arquitecto de moda. Gracias a su fantasía y capacidad técnica se proyectaron la Estación del Norte, la reforma del Ayuntamiento, el Palacio de la Exposición, el Mercado de Colón y un extenso inventario de viviendas burguesas.

Después de una trágica riada, a mediados del siglo XX, el gobierno municipal decidió sacar el río Turia fuera de la ciudad y transformar su cauce, por presión de los vecinos y colegios profesionales, en un inmenso jardín dedicado al

Estación del Norte

ocio y deporte. El complejo cultural de La Ciutat de les Arts i les Ciències, que se ha convertido en el icono de modernidad e innovación de la Valencia contemporánea, representa uno de los nuevos usos a los que se ha dedicado el río sin agua llamado jardín del Turia.

Valencia, capital política de la Comunidad Valenciana, acoge las instituciones de autogobierno aprobadas en 1982. Es una sociedad oficialmente bilingüe. Por tanto, en la rotulación encontramos denominaciones tanto en valenciano como en castellano. Tercera capital de España por número de habitantes (cerca de 800.000), recibe un millón 800 mil visitantes al año. Constituye uno de los destinos turísticos más valorados de España.

Sus visitantes eligen de manera especial la oferta cultural de sus 47 museos y su litoral de playas de arena, dunas y pinos. Aprecian su riqueza natural, la tradición de su huerta y naranjales. Por su calidad de ciudad mediterránea i marítima la gente aprecia disfrutar en sus calles la vida al aire libre. Existen buenas condiciones meteorológicas (temperatura media anual de 19,2 °C). Es una urbe de múltiples oportunidades para quien la elige como propia, aunque sólo sea para unos pocos días.

Ciutat de les Arts i les Ciències

Ciutat Vella

El corazón de la ciudad

Grabado de A. Guesdon, *Valencia a vista de pájaro*, de 1858. Archivo Huguet - Colección L. Giménez Lorente

El centro de la ciudad antigua, Ciutat Vella (ciudad vieja), está dividido en seis barrios: La Seu, La Xerea, El Carme, El Mercat, Sant Francesc y El Pilar (también conocido por Velluters). El perímetro de la muralla construida por los reyes cristianos marca la frontera con los modernos barrios que urbanizaron los ensanches cuando los muros se derribaron. Dentro del centro histórico permanecen restos de la muralla árabe, de menor superficie que la cristiana. Con el tiempo se crearon dos núcleos urbanos: uno más selecto, representado por la Iglesia y las instituciones municipales, y otro por el mercado y los artesanos.

La Seu

Núcleo histórico de la ciudad, organizado en torno al imponente edificio de la Seu (catedral). Los romanos eligieron esta zona para crear Valentia. Los visigodos reforzaron su importancia, también los árabes. En época cristiana el barrio consolidó su función de corazón de la ciudad.

Los poderes civil y religioso de Valencia tienen aquí las sedes de sus instituciones. Por esta razón su visita permite conocer los mejores edificios artísticos y vivir las principales costumbres y tradiciones culturales de la ciudad. Limita al norte con el jardín del Turia, al sur con calle de la Pau, al este con la calle Avellanes y al oeste con Serrans. Su perímetro corresponde a una isla que formaba el río en esta zona. Posteriormente se secó el brazo fluvial que la rodeaba. Sus calles tienen una cota un poco superior al resto de Ciutat Vella. De su pasado árabe sólo permanece el trazado de calles y las ruinas de la Mezquita mayor y del Alcázar, enterradas bajo la Catedral y el Palacio Arzobispal, respectivamente.

El Micalet

Campanario mayor de la Valencia medieval, construido por Andreu Julià, según tipología habitual en templos de Cataluña y Languedoc. Su escalera de 207 escalones conduce a la terraza superior situada a 51 metros de altura. El punto más alto de la torre alcanza casi 60 metros. Durante siglos fue el mirador privilegiado de la ciudad, su huerta y el mar. Sus doce campanas suenan los días de fiesta desde el siglo xv.

El Tribunal de les Aigües

Cada jueves el Tribunal de les Aigües se reúne en la Puerta de los Apóstoles de la Catedral para resolver conflictos sobre el reparto del agua de riego, que suministra la red de acequias creada por los árabes. Este tribunal, declarado Patrimonio de la Humanidad, administra justicia desde hace 1.000 años.

← **Plaza de la Reina. El Micalet y la Seu**

Calle del Micalet

Tribunal de les Aigües

↑ **Santa Catalina. Fachada gótica en la plaza de Lope de Vega**   ↓ **Horchatería Santa Catalina**

Santa Catalina

Es una mezquita transformada en templo gótico, consagrado tras la conquista cristiana por el rey Jaime I. Su torre barroca, obra de Joan Baptista Vinyes, fue construida entre 1686 y 1704. Su planta hexagonal recuerda las líneas arquitectónicas del monumental Miguelete. Las campanas se fundieron en Londres en 1729 y tiempo después, en 1914, se añadió el reloj, que hace poco, con motivo de la restauración se decidió eliminar para volver a colocar en ese espacio la antigua campana.

Frente al campanario se abrió a finales del siglo XIX la calle de la Pau. Esta reforma mejoró notablemente las comunicaciones del centro urbano con la ronda interior y el mar. También estuvo marcada por crear una de las perspectivas más bellas del centro histórico: el campanario barroco de Santa Catalina situado en el centro simétrico de la moderna calle.

Nave gótica de Santa Catalina

Horchaterías

Alrededor de Santa Catalina se encuentra la horchatería del mismo nombre, que sirve horchata con *fartons* (bollos), leche merengada y chocolate con buñuelos, en mesas de mármol y pies de hierro. Es un refresco de sabor dulce, que se elabora con la chufa cultivada en las huertas de Alboraya (ver página 115).

Campanario barroco de Santa Catalina

↑ **El Micalet y la plaza de la Reina**   ↓ **Puerta gótica de los Apóstoles**

La Catedral

Comenzada a edificar en 1262 sobre
una antigua mezquita, su construcción
continuó hasta mediados del siglo XVIII,
época en la que se tapó el gótico. Afor-
tunadamente hoy ha recuperado su
antiguo aspecto. Es el monumento religioso más importante de la ciudad. Su
interior se divide en tres naves y un áb-
side de planta poligonal, rematado por
un cimborrio con dieciséis ventanales.
Las obras las inició el maestro Arnau
Vidal, según pautas del gótico inicial.
Concluyeron en 1702, en época del barroco, con la intervención de Konrad
Rudolf y Francesc Vergara.

El mestizaje estilístico se comprueba
en las tres puertas: la del Palau, perteneciente a un románico arcaico fusionado
con gótico primitivo; la de los Apóstoles, de gótico puro y la de los Hierros,
de estilo barroco. Esta última evoca
el estilo romano del brillante escultor
Bernini.

Imprescindible la visita a la bella capilla del Santo Cáliz. La reliquia del
Santo Grial se encuentra desde 1437 en
la Seu. Está expuesta en el centro de un
altar, adornado con relieves de alabastro
del italiano Julià lo Florentí (Giuliano
di Giovanni da Poggibonsi). Este hecho
se produjo por influencia del linaje de la
familia Borja en el episcopado, familia
que situó a Calixto III y Alejandro VI
en el Vaticano.

Puerta románica del Palau y el majestuoso cimborio

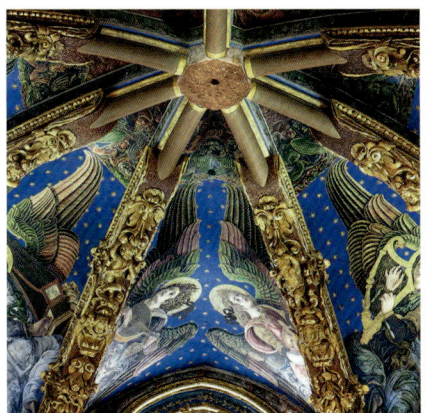

Clave de bóveda sobre el altar

Capilla del Santo Cáliz

↑ **Plaza de la Virgen**   ↓ **Cúpula de la basílica de la Virgen de los Desamparados**

Plaza de la Virgen

Espacio peatonal cuyos edificios representan a diversas instituciones. Sobre las ruinas del ayuntamiento medieval se levanta la Presidencia de la Generalitat. Enfrente, está el templo de la Virgen de los Desamparados, patrona de la ciudad, y la Catedral, sede metropolitana del arzobispado. Las celebraciones del calendario anual llenan esta plaza de fiesta, música y flores.

El Palau de la Generalitat es un edificio gótico que representa el poder político regional. El gran templo gótico de la Catedral ensalza el poder eclesiástico. La Basílica de la Virgen de los Desamparados ejerce de centro de devoción popular. La fuente de Neptuno es un homenaje a la red de acequias de origen árabe.

La Basílica está unida a la Catedral por un airoso arco renacentista. Es el santuario donde se venera *La Geperudeta* (la jorobadita). El interior oval del templo siempre está perfumado por aroma de flores e incienso. Se edificó entre 1652 y 1667 por Diego Martínez Ponce. La preciosa bóveda es obra de Antonio Palomino.

Palau de la Generalitat

El gótico civil mediterráneo está representado en este edificio, ocupado por el Consell y el presidente de la Comunidad Valenciana. Pere Compte inició la construcción en 1418 y se prolongó hasta mediados del xx. El Salón Dorado, con artesonado renacentista, y el Salón de Cortes son espacios reservados a la actividad política y social. El patio central se caracteriza por grandes arcos y una escalera de honor.

Palau dels Borja

Las Cortes valencianas ocupan el Palacio de Benicarló, también llamado de los Borja. En su origen fue el palacio de los Duques de Gandía en Valencia. La remodelación actual es de los arquitectos Manuel Portaceli y Carlos Salvadores. En su jardín crecen un ficus de más de 150 años y un esqueje del árbol de Ana Frank.

Palau de la Generalitat

Palau dels Borja

Palau del Marqués de Campo

Museo del Marqués de Campo

Situado en un palacio que construyeron los Duques de Villahermosa en el siglo XVIII, frente al Arzobispado. Cuando se destruyó el Palacio Real quedó habilitado para Capitanía General. Después fue residencia del exalcalde de la ciudad, Marqués de Campo. Conserva la pinacoteca del Museo de la Ciudad.

Palacio arzobispal

Obra de Vicente Traver, que sustituyó en 1941 al antiguo palacio incendiado en 1936. Ofrece un estilo de historicismo neobarroco con matices sevillanos, muy diferente al patrimonio arquitectónico del barrio. La fachada de ladrillo consta de un entresuelo con grandes ventanales, un piso principal de balcones y un cuerpo central destacado con elementos ornamentales. La residencia del arzobispo está comunicada con la Catedral a través de un puente construido en la calle de la Barcella.

Palacio arzobispal y arco de la calle de la Barcella

L'Almodí

Cuando Valencia fue árabe se creó este almacén de grano para abastecer la ciudad. Remozado en el xv, tiene planta basilical dividida en tres naves. Ahora es sala municipal de exposiciones. Antes fue Museo Paleontológico. La palabra *almodí* se traduce por medida de peso.

Museo y yacimiento de L'Almoina

Aquí comenzó a existir la ciudad cuando Roma fundó Valentia (138 a.C.). El museo reúne testimonios urbanos procedentes de los romanos, visigodos y árabes. Bajo la plaza de Dècim Juni Brut, militar romano a quien se atribuye la fundación, se encuentran restos de termas y vías romanas, de la basílica visigoda y del alcázar islámico. Estas ruinas fueron descubiertas en una excavación de 1985.

Cripta de San Vicente Mártir

Situada en los bajos de un edificio modernista, formaba parte de una catedral visigoda. Según la tradición, el santo estuvo aquí en prisión y falleció (304 d.C.). El cadáver del primer mártir valenciano fue trasladado al arrabal de Sant Vicent de la Roqueta, donde los mozárabes continuaron el culto al santo.

L'Almodí

Cripta de San Vicente Mártir

Centro Arqueológico de L'Almoina

↑ **Calle de Cavallers** ↓ **Patio interior del palacio de los Mercader**

Calle de Cavallers

Es una de las principales arterias para acceder al núcleo histórico de la ciudad. Mantiene la elegancia urbana de sus palacios góticos y barrocos (Marqués de Castellfort o Fuentehermosa, Malferit, Alpuente, Centelles). Una de las zonas residenciales preferidas por los nobles valencianos. Su dimensión estrecha evoca el ambiente sombrío de algunas calles de los barrios góticos de Barcelona y Palma. La arquitectura espectacular de sus patios interiores, hoy convive con una animada vida nocturna desarrollada en bares, tabernas y restaurantes, que atienden a numerosos visitantes de la ciudad. La Valencia floreciente del xv y xvi encontró en esta pequeña calle el mejor escaparate para practicar su vida cortesana y refinada.

Plazas del Negret, de Correu Vell y de Sant Nicolau

Conectada con el tránsito de personas que acoge la calle de Cavallers, la plaza del Negret es recomendable para tomar al aire libre una copa. Su nombre procede de la escultura de la fuente, la primera que facilitó en 1850 suministro de agua potable a la vieja ciudad.

Correu Vell es otra de las pequeñas plazas que acompañan la calle de Cavallers. Es silenciosa, porque no hay terrazas. En el primer plano de la ciudad, que levantó el padre Tosca en 1704, el trazado de esta plaza ya estaba reflejado. La Sacristía de la iglesia de San Nicolás prolonga su fachada hasta aquí.

Las puertas principales de la iglesia dan a otra pequeña plaza que adoptó el nombre del templo.

Plaza del Negret

Plaza del Correu Vell

Plaza de Sant Nicolau

Iglesia de San Nicolás y San Pedro Mártir

Después de su reciente restauración constituye uno de los templos gótico barroco más bello de Valencia. La magnificencia y el esplendor de las pinturas originales de Dionís Vidal, diseñadas en la larga bóveda por Antonio Palomino y recuperadas con gran acierto, permiten hablar de que es la pequeña capilla sixtina de la ciudad.

Aunque fue una de las siete primeras iglesias fundadas tras la conquista cristiana en el siglo XIII sobre el solar de una mezquita, siempre destacó como parroquia rica por estar situada en la calle de los nobles. De modo que pudo ir ampliando superficie y espacio para el culto. La primera reforma se produjo en 1455, cuando era responsable de su conservación el poeta y médico Jaume Roig.

La segunda intervención se produjo a finales del XVII, gracias a la actuación barroca del arquitecto Pérez Castiel, que respetó la bóveda gótica, a diferencia de otros templos de la ciudad que en esa época la ocultaron. En esta reforma se realizaron las pinturas de la bóveda que narran la vida y milagros de los dos santos patronos, San Pedro Mártir y San Nicolás de Bari. Sobre la puerta de la capilla de la Comunión, Vidal retrató a su maestro como homenaje, y Palomino hizo lo mismo con su discípulo.

La planta del templo es sencilla, propia del gótico inicial. Se levantó compartiendo medianeras con los palacios y las viviendas de alrededor, por lo que no tiene fachada recayente a la calle de Cavallers.

Fotografías cedidas y autorizadas por la Iglesia de San Nicolás de Bari y San Pedro Mártir

San Nicolás de Bari

Frescos barrocos sobre bóveda gótica

La Xerea

Este barrio mantiene un ambiente más tranquilo y mejor aireado que el de la Seu. También su trazado de calles es más racional. Conserva una destacada presencia de conventos, casas burguesas y palacios rehabilitados por la Administración.

Desde la calle Avellanes, se extiende por el este hacia los jardines de la Glorieta, la Plaza de Tetuán y la desaparecida Ciudadela militar. Por el norte limita con el jardín del Turia y por el sur con la comercial calle de la Pau. Tiempo atrás acogió un barrio judío y los arrabales árabes, que disponían de zoco y cementerio propios. La palabra *xerea* procede del término árabe *charia*, que significa camino que conduce al arrabal situado fuera de la muralla.

Su arteria urbana tradicional fue la calle del Mar hasta que se abrió la calle de la Pau. La principal zona verde se encuentra en La Glorieta. Es el primer jardín público de la ciudad, abierto durante la ocupación francesa a principios del XIX, que llegó a tener todo lo imprescindible para el ocio ciudadano: fuente con gruta, café, templete de música y teatro al aire libre, cerrado por una verja. Destacan en la actualidad sus árboles monumentales.

Del destacado patrimonio que tuvo la ciudad durante los siglos de ocupación árabe sólo queda en pie en este barrio un monumento importante: los Banys de l'Almirall, construcción medieval dedicada a baño público de vapor, con tres estancias abovedadas.

Pared lateral de la iglesia de San Esteban

Banco en los jardines de La Glorieta

Banys de l'Almirall

Iglesia de San Esteban

Es una de las diez parroquias consagradas en 1238, cuando la conquista cristiana de Valencia. El templo actual es resultado de una intervención barroca y otra posterior de carácter neoclásico. La tradición indica que aquí se casaron las hijas del Cid y fue bautizado San Vicente Ferrer.

Palacio Monasterio del Temple

La actual sede de la Delegación del Gobierno ocupa las estancias del convento levantado por los caballeros del Temple. En época de Carlos III se transformó su arquitectura para aplicar el más puro estilo académico del siglo XVIII, en especial en el claustro con columnas. Era la compensación que el monarca dio a la orden de Montesa, cuya sede central situada en un pueblo de la provincia desapareció por un terremoto. La orden dispuso también en el mismo edificio de un colegio y una iglesia anexa, cuya fachada homenajea a los Borbones y a la religión católica. Conserva importantes frescos de José Vergara.

Real Convento de Santo Domingo

Desde el siglo XIII es el convento más importante de la ciudad. A raíz de la exclaustración de los dominicos, se destinó a Capitanía General para perpetuar el carácter defensivo de esta esquina oriental de la ciudad desde donde se divisaba el mar.

El conjunto arquitectónico reúne brillantes testimonios de diferentes épocas. La capilla Real, de estilo gótico mediterráneo, fue construida por los reyes valencianos Alfonso el Magnánimo y Juan II. El sepulcro central de mármol dedicado a los marqueses de Zenete comparte espacio con los restos del pintor Juan de Juanes. El convento conserva dos claustros, gótico y renacentista.

El Monasterio del Temple, a través del jardín del Turia

Sepulcro de los marqueses de Zenete en el Real Convento de Santo Domingo

Calle del Mar

Junto con la calle dels Cavallers, es una de las arterias más elegantes de la ciudad. Por ella se accedía a la puerta de la muralla que cruzaba el río por el puente del Mar y conectaba con la zona marítima del puerto de la ciudad.

Antes de que surgiera en el paso del XIX al XX la calle rival de la Pau, todo el tráfico de carruajes y personas en dirección a la parte oriental del municipio circulaba por esta vía de trazado irregular, un poco más ancha que la medieval Cavallers. El cronista de la ciudad Vicent Boix escribió en 1863 que en ocasiones se le llamó *Carrer matjor de la Mar* (calle mayor).

Centro de Arte Hortensia Herrero

En el restaurado Palacio de Valeriola (calle del Mar, 31) se puede visitar el Centro de Arte Hortensia Herrero. Está formado per dos edificios de cuatro plantas que albergan 17 espacios expositivos donde convive una excelente colección de arte contemporáneo internacional —obra de Andreas Gursky, Olafur Eliasson, Anselm Kiefer, Georg Baselitz, Anish Kapoor, Olafur Eliasson, Jaume Plensa y Sean Scully entre otros— con intervenciones y exposiciones temporales de artistas de primer orden mundial.

San Juan del Hospital

Este conjunto arquitectónico es otro de los conventos notables de la Xerea. El Opus Dei lo ha recuperado para el culto después de ser sala de cine. Jaime I entregó esta iglesia a la orden de Malta en agradecimiento a su colaboración en la conquista de Valencia. El templo gótico conserva una pequeña capilla dedicada a Santa Bárbara, donde están enterrados los restos de una emperatriz bizantina, que se refugió en Valencia gracias a la protección del rey valenciano Pedro III el Grande. Por estos límites urbanos transcurría el trazado de la Valencia musulmana.

Centro de Arte Hortensia Herrero. *Tunnel for unfolding time,* Olafur Eliasson

San Juan del Hospital, nave central

Casa natalicia de San Vicente Ferrer

Conocida como *el pouet de Sant Vicent* (el pocito), es la casa solariega donde nació el patrono de la ciudad. Junto al oratorio, donde se rinde culto a este popular predicador, por una entrada lateral se ofrece el agua procedente de un pequeño pozo para recordar sus milagros, representados en interesantes murales de cerámica de Manises.

Palacio de Cervelló

Residencia oficial de los monarcas españoles después de que se derribara el Palacio Real. Es sede del Archivo Histórico Municipal. Interesante reconstrucción en la planta noble del ambiente de los salones decimonónicos, aunque la planta original procede del siglo XVI. A principios del XIX, Felipe Osorio Castellví, conde de Cervelló y general del Ejército, se trasladó a Madrid y cedió el palacio para uso público.

Palacio de los Señores de Bétera

Este palacio y el de Marqués de Dos Aguas se salvaron de la pala excavadora cuando se urbanizó el entorno de la antigua Universidad. Edificio conocido también como de los Boïl d'Arenós es la sede actual de la Bolsa de Valencia. El antiguo patio central, de origen gótico, está destinado a recoger la actividad bursátil y las operaciones de contratación.

Casa natalicia de San Vicente Ferrer

Palacio de los Boïl d'Arenós

Palacio de Cervelló

Palacio Marqués de Dos Aguas

La fama de este edificio procede de su espectacular portada barroca. Sede del Museo Nacional de Cerámica González Martí desde 1954, su visita permite realizar un exhaustivo recorrido histórico por el arte de la cerámica. A partir de la colección de Manuel González Martí se recrea en el primer piso la vida palaciega del XVIII y XIX, y también la vida y costumbres domésticas burguesas. Otras estancias están dedicadas a colecciones de cerámica de Manises, L'Alcora y Paterna, a un importante catálogo de azulejos y *socarrats* (ladrillos quemados para colocar en techos) del siglo XV, porcelana china y artesanía popular de Andalucía y Toledo.

La fachada del palacio es una auténtica joya artística. A mediados del XVIII, el pintor y grabador valenciano Hipòlit Rovira recibió el encargo de realizarla, y buscó como colaborador a Ignasi Vergara para tallar el alabastro de la magnífica portada. La parte superior representa a la Virgen del Rosario, mientras que la parte inferior desarrolla una alegoría sobre dos aguas y dos ríos, representada por dos gigantes calvos, uno desnudo y otro medio tapado, cuyos cuerpos se entremezclan con motivos ornamentales procedentes del mundo animal y vegetal, resultando un conjunto escultórico de gran sensualidad.

El palacio ha experimentado numerosas transformaciones. A partir de 1740 fue reedificado para mejorar su aspecto cortesano. Se incorporó la gran portada, se duplicó la torre de la esquina y se colocaron barandillas onduladas en los balcones.

La remodelación de 1870 la ejecutó el maestro José Ferrer. Para evitar la humedad, las fachadas fueron recubiertas con placas que imitan el mármol y se añadió ornamentación rococó y neoimperial. El estilo convencional del edificio guarda poca relación con la magnífica fantasía aplicada solamente a la fachada.

Gigantes de alabastro en la portada barroca

Salón de baile

← **Arriba, la espectacular fachada, abajo, cocina del Museo de Cerámica**

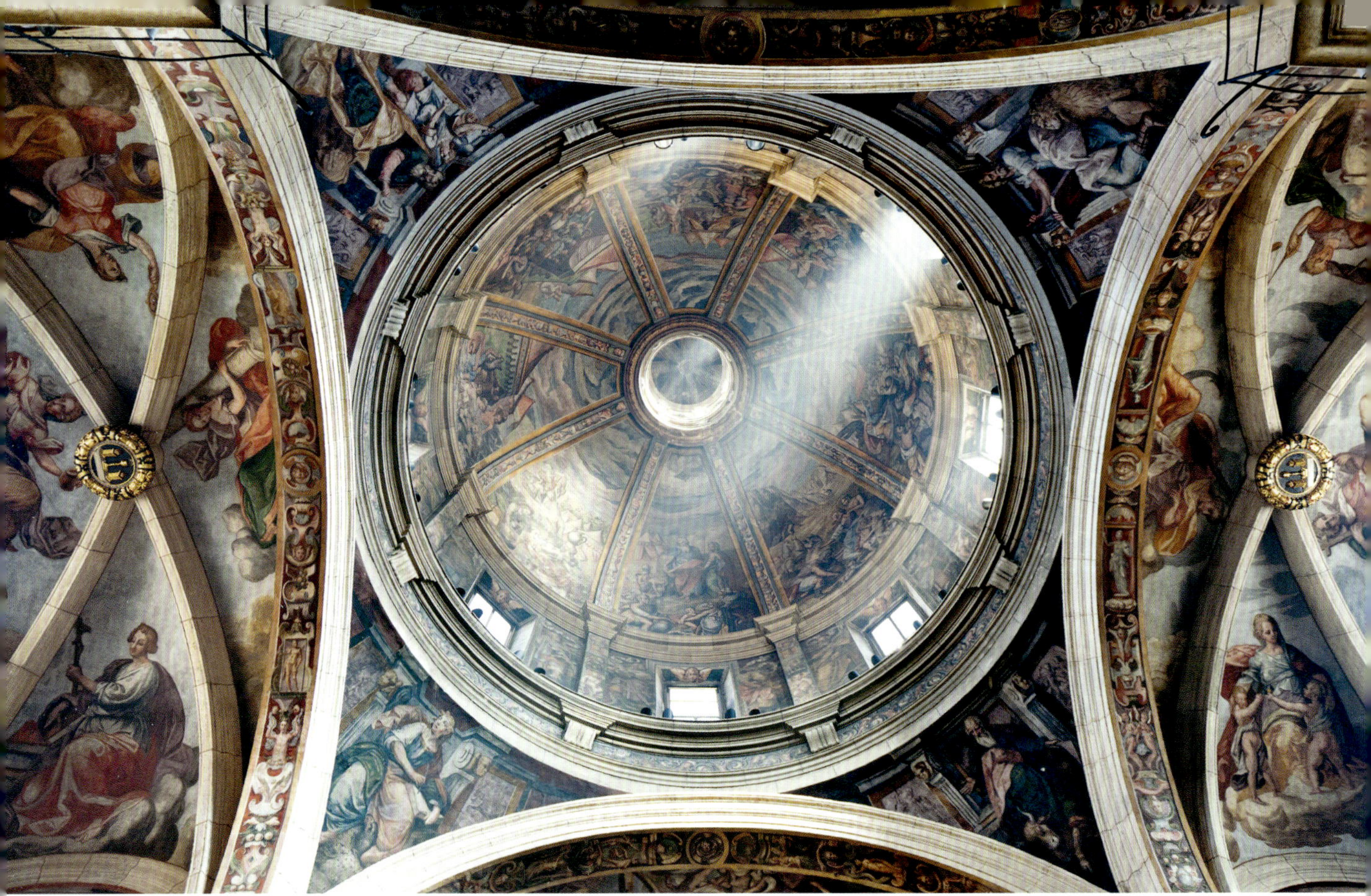
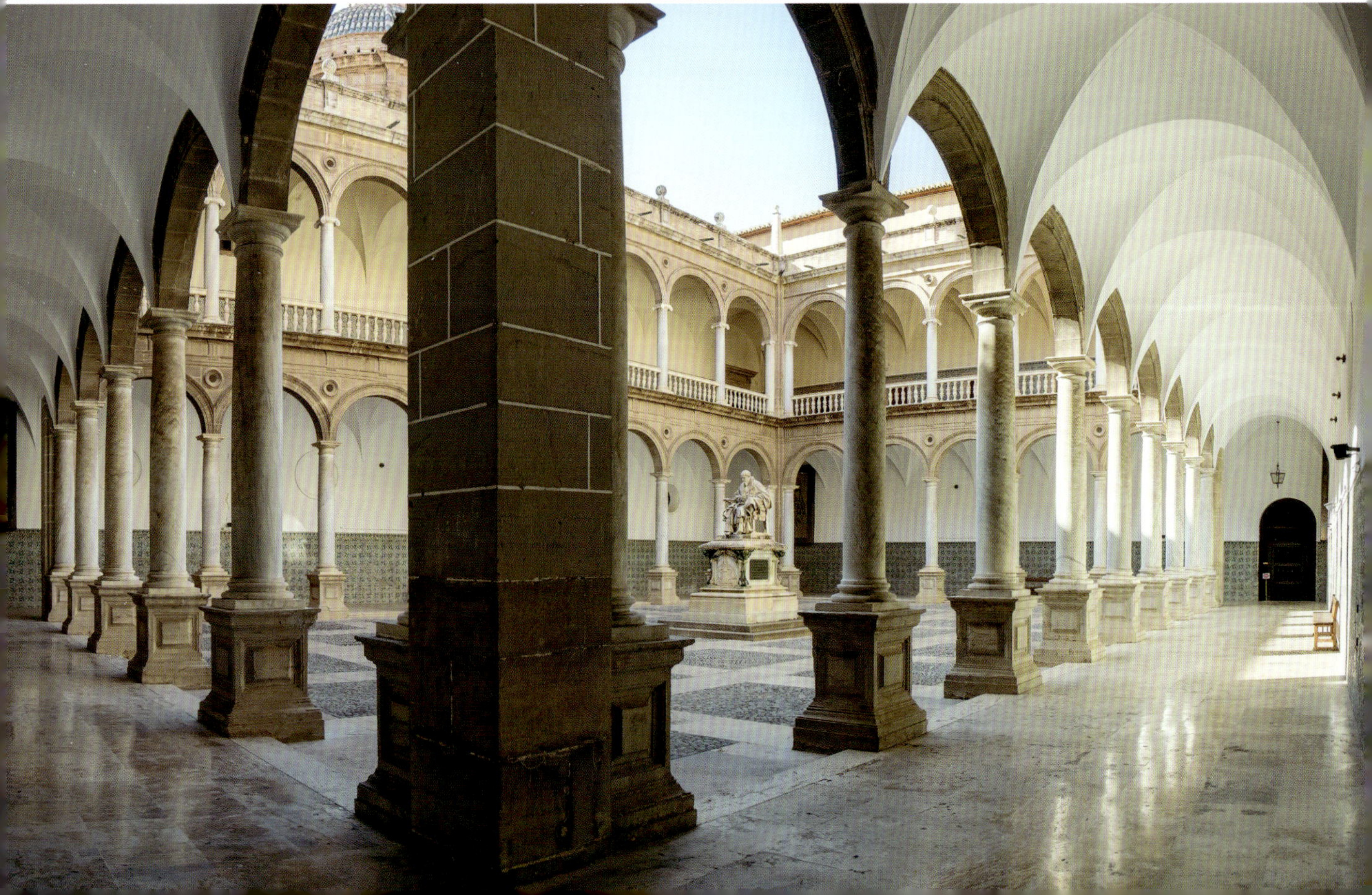

Iglesia y Colegio del Patriarca

Conjunto arquitectónico fundado
por San Juan de Ribera para formación
de seminaristas en el espíritu de la con-
trarreforma frente al protestantismo.
Hay que visitar el claustro de columnas
(la mejor obra renacentista de la ciudad)
y la Iglesia de estilo herreriano, con
pinturas de Ribalta. El dragón colgado
en el vestíbulo fue un regalo de un virrey de Perú, aunque la leyenda popular
de la ciudad fabuló sobre su llegada por
la calle Barcas, cuando un brazo del río
pasaba por esta zona.

El fundador ostentó los cargos
de virrey del Reino, capitán general,
patriarca de Antioquía y rector de
la Universidad. Su influencia ante el
rey fue decisiva para expulsar a los
moriscos en 1609.

El Patriarca eligió esta ubicación para
contrarrestar la difusión del laicismo
científico que los profesores universitarios enseñaban a sus alumnos.

La Nau

El humanista universal nacido en Valencia, Luis Vives, preside el centro del
claustro de este edificio de la Universidad dedicado a la difusión del conoci-
miento. Su biblioteca histórica conserva
el primer libro impreso en España dedicado a la Virgen María. La fachada
principal, reformada en época moderna,
es un homenaje al papa Borja, Alejandro VI, y al rey Fernando II, porque
concedieron a Valencia el privilegio de
tener una de las primeras universidades
europeas.

Calle de la Pau

Por su arquitectura es, tal vez, la calle
más artística de la ciudad. Todos sus
edificios tienen interés patrimonial. Se
abrió a finales del siglo XIX. La pujante
burguesía local ocupó amplios inmue-
bles. En los años 20 alimentó una vida
moderna en hoteles, restaurantes y comercios. Es vía de penetración al centro
histórico desde la circunvalación. Calle preferida por las agencias de viajes,
tiendas de moda y restauración

Patio central de La Nau

El Carme

El Carme constituye un antiguo barrio de trabajos artesanos, conventos, casas nobiliarias y clase media, que ahora acoge al mundo artístico y de la moda, como herencia de la Escuela de Bellas Artes que arraigó en la zona. Ofrece un perfil interclasista, al convivir el palacio tradicional con la residencia burguesa y los pisos de alquiler. La decadencia que inició en 1957 por la riada del Turia se frenó a finales de la década de 1970 al convertirse en barrio de moda para jóvenes. En la actualidad, los creadores locales prefieren las posibilidades del barrio de Russafa, mientras que los visitantes eligen el aire antiguo del Carme, su imagen de zona bohemia.

Su nombre procede del Convento del Carme, transformado en espacio expositivo de arte. Su perímetro cuenta con dos puertas de la muralla medieval y pasa por las calles dels Serrans, Cavallers, Quart, para continuar por la ronda de Guillem de Castro y Blanqueries, calles situadas en la margen derecha del jardín del Túria.

Gárgolas de las Torres dels Serrans

Torres dels Serrans

Representan la entrada norte a la ciudad, construida por Pere Balaguer a partir de 1391. El monumento consta de dos torres pentagonales, una galería corrida con almenas y un foso. Ahora sigue siendo uno de los principales accesos al casco histórico.

Se cuidó su monumentalidad y su elegancia gótica para que quedaran impresionadas las embajadas políticas que visitaban la ciudad. La Porta Reial del monasterio de Poblet parece una réplica en pequeño. Fueron prisión para nobles. En 1936 sirvieron para conservar pinturas del Museo del Prado.

Casa de les Roques

Edificio donde se guardan las *Roques*, carrozas de madera que salen en la procesión del Corpus, fiesta mayor de la ciudad antes del auge alcanzado por las Fallas. Son arrastradas por caballerías huertanas. Sobre su plataforma se representaban algunos misterios del Corpus.

← Torres dels Serrans

Roques, gigantes y bestiario reposan en la Casa de les Roques

Plaza del Carme

Conjunto urbano de interés, que se abrió para realzar la fachada de la iglesia del Convento del Carme. El estilo barroco del templo coincide con la arquitectura del Palacio del intendente Pineda, sede de la UIMP (Universidad Internacional Menéndez Pelayo). Este palacio se inauguró en 1732, tres años antes de que su propietario Francisco Salvador de Pineda, fuera expulsado de la ciudad acusado de corrupción y abuso de poder. Pineda ejerció de recaudador de impuestos en los reinos de Valencia y Murcia. El centro de la plaza lo ocupa una escultura del pintor Juan de Juanes.

Museo Centre del Carme

Este convento se comenzó a construir en 1280 en el centro histórico y da nombre a uno de sus principales barrios. Siglos después se destinó a Museo Provincial y Escuela de Bellas Artes. Es un conjunto monumental marcado por diferentes estilos arquitectónicos. El claustro gótico luce en la entrada al museo, mientras que el claustro renacentista se encuentra en el interior. También ofrecen diferentes estilos la gran sala Ferreres (llamada la Academia), el Aula Capitular, el Refectorio, la sala del arquitecto Goerlich y la nave de los antiguos dormitorios del convento. El Carme es mucho más que un museo, es un espacio cultural abierto y dinámico, que promueve la inclusión y la cohesión social.

Casa Museo José Benlliure

Entre estos muros vivió uno de los grandes artistas de finales del XIX. Situada en la ronda interior de la ciudad, representa el estilo de una casa burguesa de ambiente valenciano de cuatro plantas, con un jardín interior, que alimentaba la inspiración del creador. Su estudio de pintura se situaba al fondo del patio. Benlliure, junto con Sorolla y Pinazo, representa la gran pintura valenciana del Ochocientos. El edificio es de estilo ecléctico, con ornamentación de influencia grecorromana.

Claustro del Museo Centre del Carme

Estudio de pintor de la Casa Museo José Benlliure

Calle de Cavallers

Elegante arteria ocupada por palacios góticos, que comparte el ambiente del Carme y la Seu. Antes de su ocupación por las familias notables de la ciudad fue vía romana de acceso desde poniente. Parecido uso le dieron los árabes. Al final de Cavallers, junto a la plaza de Sant Jaume, se situaba el Alfòndec, almacén de mercaderías de los comerciantes de la Corona de Aragón. Esta cercanía comercial posiblemente potenció el interés que los hacendados mostraron por construir también sus casonas en esta calle. Cada año en el Corpus la custodia se abre paso bajo una intensa lluvia de pétalos de rosas que lanzan los vecinos.

La plaza del Tossal es el punto de confluencia de Cavallers con Bosseria y Quart. Recibe este nombre por ser una cota alta del suelo urbano, que durante siglos frenó el agua del meandro del Turia que rodeaba parte de la ciudad. Este brazo de río se convirtió en foso de la muralla árabe. Posteriormente se recubrió con la acequia de Rovella, principal colector de aguas urbanas. Esta información se encuentra en un museo abierto bajo la plaza, donde se ve la muralla árabe del siglo XIII. En Cavallers, 36 y Colegio Mayor Rector Peset se conservan lienzos de la muralla musulmana.

El Portal de la Valldigna

Acceso abierto en la muralla árabe para facilitar una nueva entrada a los arrabales de la morería situados junto al río. En el siglo XV perdió su puerta de madera, pues la seguridad ya la ofrecía la muralla cristiana, situada más al norte. Los restos de muralla árabe en esta zona alcanzan un espectacular grosor. La tabla gótica refleja a Jaime II cuando fundó el monasterio de Santa María de la Valldigna.

Plaza de Sant Jaume

Plaza de l'Espart, junto a la calle de Cavallers

← **Portal de la Valldigna**

Torres de Quart

El acceso a lo alto de las torres

Calle de Quart

Vía moderna que prolonga la calle de Cavallers con edificaciones burguesas del siglo XIX y otras casas más populares ocupadas por obradores de artesanos. Destaca el Edificio Echeveste construido en estilo ecléctico por Joaquín Calvo, donde vivieron los escritores de la Renaixença, Rafael Ferrer i Bigné y Manuel Millàs Casanoves. El desarrollo de la calle se benefició de los extensos solares del Convento de la Puridad.

Torres de Quart

Esta entrada a la ciudad fue construida en el lado occidental entre 1441 y 1460 por Pere Bonfill, para recibir comercio y viajeros procedentes del interior peninsular. El conjunto está formado por dos torres gemelas, cilíndricas por la parte delantera y rectas por la trasera. La puerta de acceso consiste en un arco de medio punto sobre el que se encuentra un amplio matacán. La fachada conserva los impactos de los cañonazos disparados por el ejército francés en 1808. Estas torres fueron presidio de mujeres, hecho que ayudó a que se mantuvieran en pie y no fueran derribadas como la mayoría de portalones del recinto.

Santa Úrsula

Templo que pertenecía al antiguo convento de las Agustinas creado en 1605 y que albergaba una casa de mujeres arrepentidas. Su existencia confirma una vez más el origen conventual del barrio del Carme. En la actualidad está destinada a instalaciones académicas de la Universidad Católica de Valencia.

Santa Úrsula

IVAM

El Institut Valencià d'Art Modern ocupa un edificio de nueva planta, el Centro Julio González, nombre del que fuera el gran escultor de la vanguardia europea, coetáneo de Picasso. La escalera interior que une la planta baja con el primero y segundo piso constituye el elemento arquitectónico más espectacular del museo, así como las grandes cristaleras de la fachada.

Sus fondos están centrados en las vanguardias europeas, universo de la fotografía, arte sobre papel y esculturas e instalaciones contemporáneas, para ser fiel al espíritu fundacional de homenaje a Julio González. Informalismo europeo, expresionismo abstracto, arte pop, realismo, son tendencias ampliamente ilustradas en los fondos del IVAM, sin olvidar la modernidad valenciana de Pinazo, Sorolla y Lozano.

BOMBAS GENS
Centro de Artes Digitales

En el barrio de Marxalenes, muy cerca del IVAM, la antigua fábrica de bombas hidráulicas Bombas Gens, acoge el primer centro estable y permanente de la ciudad especializado en la exhibición de proyectos artísticos de carácter inmersivo y audiovisual, que conectan el arte y la tecnología. El visitante deja de ser espectador y se convierte en protagonista para adentrarse en una nueva dimensión de la obra y del artista.

Vestíbulo y exterior del IVAM

Bombas Gens. Exposición inmersiva *Dalí Cibernético*

↑ La Beneficència. Antigua iglesia neobizantina ↓ Museo de Etnología, L'ETNO

Centro Cultural La Beneficència. L'ETNO

Amplia construcción realizada por el arquitecto Joaquín María Belda Ibáñez en 1876, que en la actualidad actúa como segundo gran contenedor cultural del barrio. Esta edificación de gran tamaño, con ocho patios interiores, sirvió en el siglo XIX de hospicio, para atender los servicios sociales y benéficos de la Diputación Provincial. Sus principales trazas arquitectónicas proceden de los estilos neogótico y neobizantino. Siete años después de construirse el IVAM, se emprendió su reforma para albergar en modernas instalaciones los museos provinciales de Prehistoria y Etnología y exposiciones temporales relacionadas con la manera de ser y vivir de los valencianos. L'ETNO ha ganado el premio de mejor museo europeo en 2023 por su sólida base ética y compromiso con el cambio. La Beneficència dispone de una importante librería.

Quart Extramurs

Del mismo modo que Cavallers se prolongó en Quart, esta vía se alargó fuera de la muralla con alquerías y jardines situados a ambos lados. Uno de los más importantes fue el Huerto de Tramoyeres. En el siglo XVIII la construcción de una iglesia dio cohesión urbana a este barrio extramuros.

El Jardín Botánico

Uno de los huertos exteriores de la ciudad, de cuatro hectáreas de extensión, gracias a la iniciativa de la Universitat de València, se convirtió en Escuela de Jardinería. Fue el naturalista Antonio José Cavanilles quien, a mediados del siglo XIX, proyectó dar a esta huerta las características de espacio científico, con más de 3.000 especies de árboles y plantas. El arquitecto Cristóbal Sales diseñó el primer trazado del jardín botánico. En el año 1900 se inauguró el emblemático umbráculo, obra de Arturo Mélida.

Anexo al jardín, en época reciente, se ha creado una pequeña joya botánica, el Jardín de las Hespérides, en el que crecen cincuenta variedades de cítricos. Constituye un homenaje a la tradición de los jardineros de los siglos XV y XVI.

Edificio de investigación del Jardín Botánico

Umbráculo

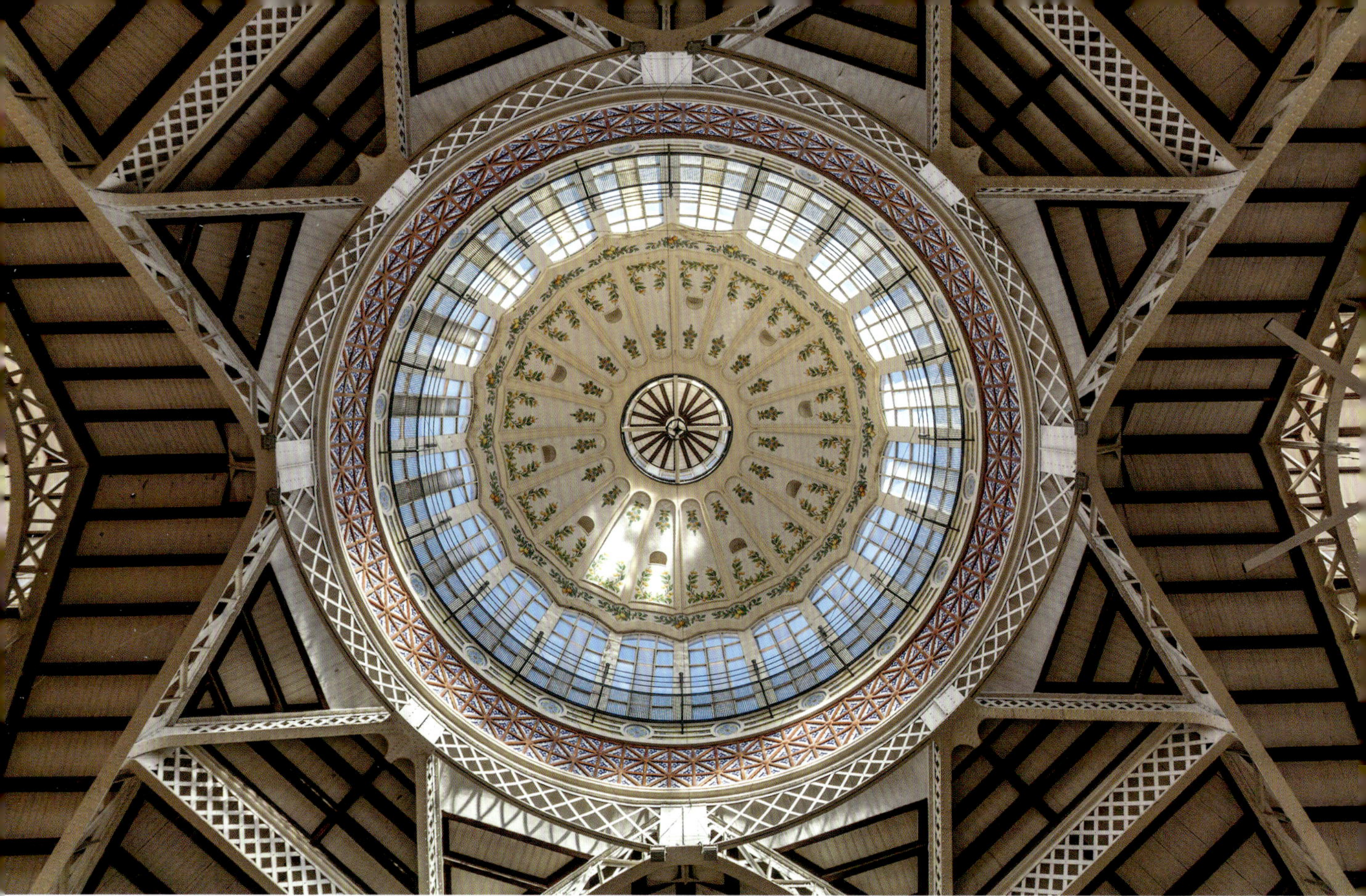

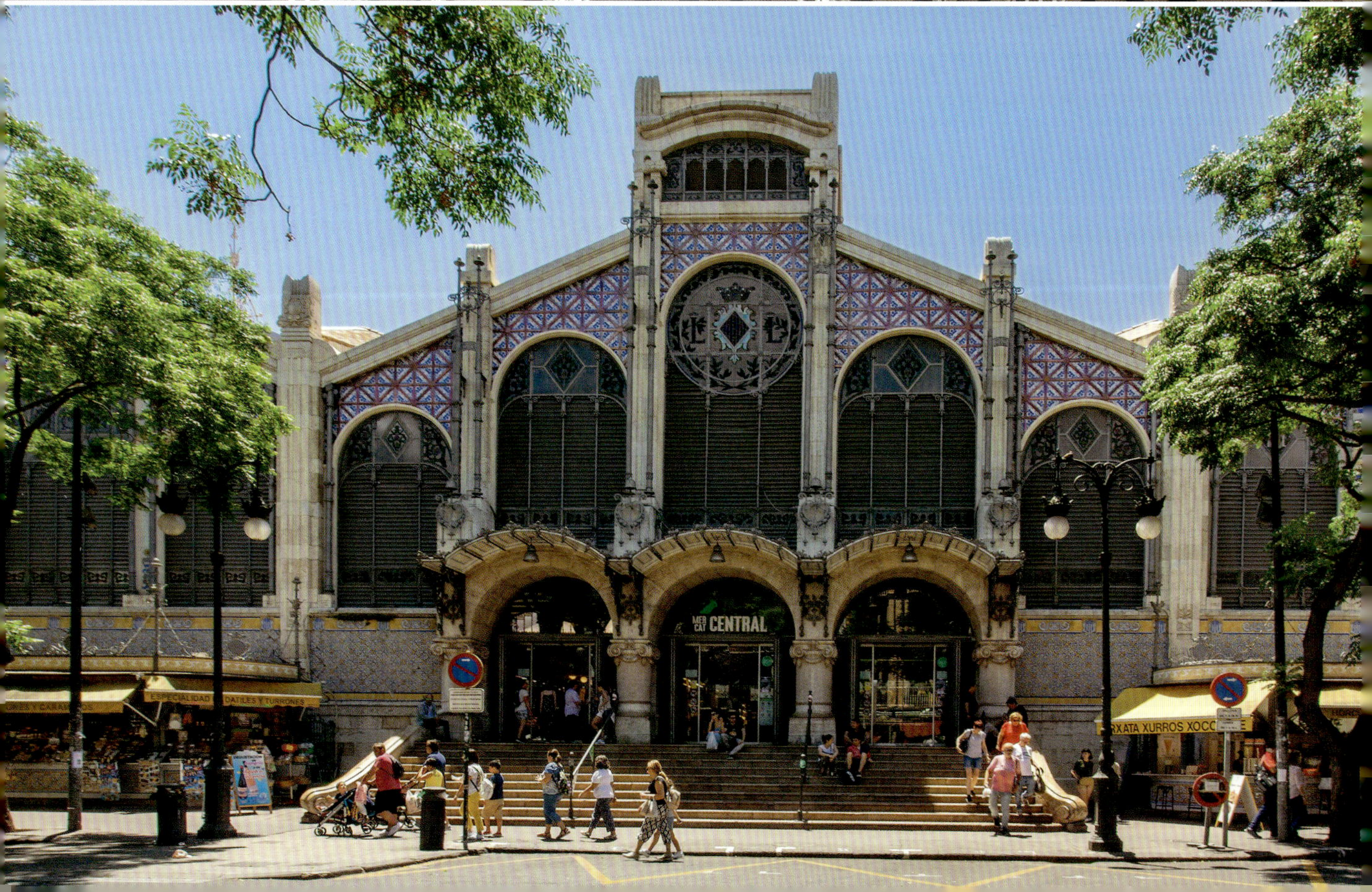
CENTRAL

El Mercat

Valencia ha sabido diferenciar el espacio urbano donde se cultivaba el alma y la política, del barrio donde se pretendía ganar dinero, comerciar y dar satisfacciones al cuerpo. Si la Seu representa el escenario de la Iglesia y la política, el Mercat es la plataforma del poder civil y ciudadano, de sus artes comerciales.

Mercado Central

Los arquitectos modernistas Francesc Guàrdia y Alexandre Soler, discípulos de Lluís Domènech i Montaner, lo construyeron entre 1914 y 1928, coincidiendo con una época de crecimiento de Valencia. Demostraron que se podía fusionar materiales industriales con audaces elementos ornamentales. Bajo una monumental cubierta de hierro y cristal, doscientos puestos de venta de productos frescos compiten a diario con la oferta de los comercios de la ciudad.

En una superficie de más de 8.000 m², liberados de su antiguo ocupación conventual y de viviendas populares, destacan la lonja especial del pescado y numerosos puestos dedicados a satisfacer todos los placeres del estómago. En la impresionante cúpula de la cubierta sobresale una veleta, conocida como *la cotorra del Mercat*, enseña característica que ha sido objeto de citas literarias en sainetes y novelas.

La plaza del Mercat y alrededores tuvieron vocación comercial en la Valencia medieval, incluso en tiempo de los árabes, aunque se tratara de un arrabal extramuros. El escritor Vicente Blasco Ibáñez describe en sus novelas el ambiente de zoco de la zona, en la que labradores, comerciantes, vendedores, compradores, curiosos, negociantes ambulantes y regateadores, luchaban por colocar su mercancía. El Ayuntamiento promovió la creación del gran mercado para regular el caos de puestos de venta, toldos, carros ambulantes y caballerías, que cada mañana ocupaba la plaza y pequeñas calles del barrio.

Veleta del mercado, *la cotorra del Mercat*

Monumental cubierta de hierro y cristal

← **Cúpula y fachada del Mercado Central**

↑ **Venta de paellas en el exterior del mercado** ↓ **Arte urbano**

Alrededores del mercado

La plaza del Mercat reúne tres edificios representativos de la arquitectura civil y religiosa, que convierte a Valencia en un destino artístico muy apreciado: el gótico de la Lonja, la factura modernista del Mercado Central y el barroco de la iglesia de los Santos Juanes.

En la parte exterior del mercado se degustan productos típicos y se puede comprar desde una paella hasta otros recuerdos. Los bares y comercios antiguos agregan autenticidad a esta estampa popular.

Valencia se despierta con la descarga de productos frescos de la huerta, que entran en el mercado. En los bares se consumen los primeros bocadillos de atún o calamares de la jornada. Se ordenan los productos sobre mostradores para que entren por los ojos, como si se tratara de bodegones recién pintados.

Horchatería pegada al mercado

Detalle comercial en el pavimento

Sombrerería

Puesto popular de caracoles y romero

Lonja de la Seda

Declarado Patrimonio de la Humanidad por la UNESCO, constituye el edificio gótico civil más bello e importante de Valencia. Entre sus muros se desarrolló una intensa actividad comercial y financiera. Sus obras, iniciadas en 1483 por el maestro Pere Compte, fueron pagadas en su totalidad por la *Taula de Canvis*, la primera institución bancaria valenciana. Es, por tanto, un homenaje artístico a las virtudes del dinero.

El Salón Columnario está ocupado por un bosque de veinticuatro columnas helicoidales, que al llegar al techo se abren como palmeras. Entre estas columnas de 17,4 metros de altura se situaban mesas con taburetes, marcadas con el nombre del propietario que ejecutaba las compraventas. El Torreón central incluye una pequeña capilla y una escalera de 110 peldaños, que conduce a la prisión de los comerciantes en quiebra. Desde el Patio de los Naranjos, jardín interior con una fuente central, donde está situado el acceso del público, se sube por una empinada escalera de piedra a la sala de juntas del Consulado del Mar. Se trata de una suntuosa estancia cuya techumbre, un artesonado tallado y policromado, procede del primitivo ayuntamiento de Valencia, que se encontraba en la plaza de la Virgen.

Gárgolas antropomorfas y zoomorfas, sugerentes esculturas y medallones hablan de toda la simbología y fantasías medievales que encierra la creación artística de la Lonja. Para descubrirlas hay que mirar con atención el exterior y los puntos más altos de la construcción.

Torreones de la Lonja de la Seda

Escudo del Reino de Valencia

Artesonado de la sala de juntas del Consulado de Mar

Iglesia de los Santos Juanes

Iglesia de los Santos Juanes

El templo se levantó sobre una antigua mezquita en estilo gótico, pero fue renovada a fondo en el siglo XVIII para transformarla en estilo barroco. El frontispicio que se contempla desde la plaza del Mercat en realidad oculta, con una fachada plana, la cabecera poligonal del viejo gótico. En esta parte llama la atención una terraza, que tuvo el uso de amplio balcón para ver las grandes celebraciones como la procesión del Corpus. En el interior destacan los frescos de Antonio Palomino dedicados al Apocalipsis. La veleta de su torre representa el águila del Apocalipsis. La leyenda urbana la bautizó como *pardal de Sant Joan*.

Calles y plazas con oficios

La trama urbana está llena de pequeñas calles y plazas, donde la actividad comercial no relacionada con la alimentación convoca la presencia de numerosos compradores. Es interesante pasear por la plaza de la Mercè y la calle Músic Peydró donde se concentran comercios tradicionales de muebles y otros objetos de madera y fibras naturales (mimbre, paja, junco). En otros emplazamientos destacan los anticuarios, libreros de viejo y comerciantes alternativos. Los nombres de las calles evocan oficios artesanos: Bosseria, Cadirers, Assaonadors, Manyans o Tapineria.

Plaza Redonda

Es la plaza más popular del barrio. Fue construida entre 1839 y 1856 para reunir el mercado de pescado, carne y productos de la huerta, que se ofrecía repartido por las pequeñas calles del Mercat, bastante antes de que se optara por construir el gran mercado modernista. También coincidió con el traslado del matadero desde este barrio a una parcela extramuros más higiénica. Cuenta con una fuente central muy usada por el antiguo mercado. Es como una pequeña plaza de toros, pero ocupada por tiendas de artesanía y confección popular y numerosas viviendas. Una reciente remodelación a fondo ha modificado en exceso su aspecto tradicional.

↑ **La popular plaza Redonda**   ↓ **Cestería de la calle Músico Peydró**

Sant Francesc

El Ayuntamiento decidió a mediados del siglo XIX abandonar su tradicional ubicación en la plaza de la Virgen, para construir una nueva sede en la parte sureste de la ciudad medieval, ocupada por conventos y casas populares. El nombre Sant Francesc procede del cenobio que ocupaba la plaza principal. Es el barrio de la gran arquitectura burguesa, finanzas, poder político local, teatros y cines, comercios con firma.

Plaza de l'Ajuntament

Esta plaza triangular reúne los edificios más altos de Ciutat Vella, proyectados por los mejores arquitectos de principios del siglo XX. Los arquitectos Francisco Mora y Carlos Carbonell ampliaron la Casa de la Enseñanza con el edificio que abre su fachada a la plaza. Buscaron una imagen de edificio de arquitectura castiza con elementos clásicos y ornamentación renacentista y barroca. El balcón de autoridades, que atrae en fiestas las miradas de los ciudadanos, se incorporó en época más reciente.

Por una escalinata de mármol se accede al Salón de Cristal. A su derecha se sitúa el Hemiciclo y otras dependencias que conservan una destacada pinacoteca. El Museo muestra objetos que definen la identidad de la ciudad: la senyera, la espada de Jaime I, los Fueros, el Penó de la Conquesta y el primer plano de Valencia.

Edificios emblemáticos de la plaza de l'Ajuntament

Los Fueros. Museo Histórico Municipal

Típico puesto de flores

Pasaje Ripalda

El pequeño pasaje fue construido en 1889 por Joaquín María Arnau, arquitecto de la escuela romántica valenciana. Es una galería comercial integrada a una finca de viviendas con dos fachadas, cubierta por una bóveda de acero y cristal, que imitó a pequeña escala el éxito en Milán de las galerías Vittorio Emmanuele.

Palacio de Comunicaciones

Obra de Miguel Ángel Navarro Pérez, inaugurada en 1923. Constituye un homenaje al progreso social que representó el mundo de las comunicaciones. En el interior destaca la sala oval de estilo jónico iluminada por una gran bóveda de cristal, que reproduce los escudos de las regiones españolas. El escudo real preside la fachada, que está ilustrada con conjuntos escultóricos de ángeles, utópicos emisarios para enlazar por tierra y aire los cinco continentes. El arquitecto siguió un estilo académico para evitar el casticismo de otros edificios de la gran plaza. En el lateral izquierdo se encuentra el servicio de Correos. El edificio, propiedad de la Generalitat, está destinado a la cultura y la comunicación.

Edificio Rialto

El arquitecto Cayetano Borso di Carminati aplicó en este edificio, construido en los años 1930, un estilo racionalista con influencias Déco. Se estrenó como cine, pero en la transición incorporó la actividad teatral gracias a una intervención arquitectónica de la Generalitat. Sede de la Filmoteca valenciana.

El Palacio de Comunicaciones con su emblemática torre

Edificio Rialto

← **Pasaje Ripalda**

Buzones leonados de Correos

Calle de Sant Vicent Màrtir

Fachada lateral de la iglesia de San Martín

Calle de Sant Vicent Màrtir

Esta calle era una de las más largas y tradicionales de la ciudad medieval, que en 1900 acogió el gran comercio. Se prolongó en extramuros, por lo que ahora es la calle con más números de viviendas de Valencia. Los especialistas aseguran que aquí comenzaba la ruta valenciana a Santiago de Compostela.

Iglesia de San Martín

Sobre una antigua mezquita se levantó este templo perteneciente al primer gótico en 1382. En el siglo XVIII se renovó en estilo barroco. En la fachada hay un importante conjunto escultórico del flamenco Pieter de Beckere, que representa al santo ayudando a un pobre. La capilla de la Comunión tiene entrada independiente desde una pequeña plaza.

Calle de Sant Ferran

En esta calle se encuentran comercios tradicionales (libros de viejo, antigüedades, herboristería, moda artesana) compartiendo territorio con cafeterías y tascas modernas. Octubre, Centre de Cultura Contemporània, rehabilitó unos grandes almacenes del XIX, El Siglo Valenciano, para destinarlos a espacio cultural. En su sótano se contemplan ruinas de la muralla árabe.

Tienda de la calle de Sant Ferran

Banco de Valencia

Los arquitectos Goerlich, Gómez Davó y Traver recibieron el encargo de construir en 1940 un edificio que representara el poder de las finanzas valencianas. Su ubicación en un chaflán donde confluyen cinco calles, le otorga más vistosidad que valor patrimonial. Ejemplo de estilo neocastizo con elementos renacentistas y barrocos.

Teatro Principal

El escenario más elegante y emblemático de la ciudad. Se inauguró en 1832, según proyecto del italiano Filippo Fontana, para acoger las grandes citas escénicas de la época. Fachada estilo neoclásico.

Palacio de Justicia

Antigua Casa de Aduanas, situada en la llegada de las mercancías del Puerto. Luego fue fábrica de tabacos, y en el siglo xx sede de la administración de justicia. La vecina plaza de Alfonso el Magnánimo está dedicada a Jaime I.

Teatro Principal

Palacio de Justicia, antigua Casa de Aduanas

Sede central del antiguo Banco de Valencia

Sala del Colegio del Arte Mayor de la Seda

Colegio del Arte Mayor de la Seda

El antiguo barrio de Velluters, ahora llamado del Pilar, acogió a la industria de la seda durante varios siglos, hasta mediados del siglo XIX. Era una actividad económica importante en la ciudad.

A excepción de las Escuelas Pías y este edificio, el barrio carece de otros monumentos adscritos a la gran arquitectura. La trama urbana consiste en largas y estrechas calles, donde las plantas bajas estaban destinadas al trabajo artesano, aunque los telares se situaban en la parte alta. Los gusanos de seda eran cultivados en alquerías extramuros. Se aprovechaba el agua de la acequia de Rovella, que atravesaba el barrio.

El gremio sedero, creado en 1477, fue el más influyente de los estamentos sociales de la ciudad. De ahí que la sede, que se adquirió en 1492, conserve todos los elementos de una institución con notoriedad histórica. Los archivos conservan 660 libros y 48 pergaminos con los movimientos de socios y acuerdos gremiales.

Su visita incluye la Sala de la *Pometa* (manzanita), con suelo cerámico de Sagunto, el Salón de la Fama, con un impresionante piso de azulejos, que representan a cuatro continentes, la capilla, la escalera gótica de caracol, el museo con sedas del XVII y XVIII y el taller con telares aun funcionando.

La tienda del museo permite adquirir objetos y telas, representativos de una tradición valenciana que fascinó a monarquías y burgueses europeos.

Artísticos tejidos de seda

Tienda

Jardines del antiguo Hospital

En esta zona se abrió uno de los primeros manicomios de Europa, convertido luego en hospital, del que sólo se conservan las cuatro naves con bóveda de crucería de la enfermería transformada en biblioteca. Cuando se derribó en 1960, después de ser Facultad de Medicina, se optó por crear unos jardines, con restos arquitectónicos renacentistas, y espacios culturales.

El arquitecto Guillermo Vázquez Consuegra es el autor del emblema moderno de la zona, el MuVIM (Museu Valencià de la Il·lustració i la Modernitat), gestionado por la Diputación de Valencia. No posee colección propia, y sin embargo ofrece importantes exposiciones sobre diseño, cartelismo, fotografía y fondos artísticos de la corporación.

En el Centro de Artesanía se conocen aspectos de la tradición de trabajos con madera, cartón y barro. La ermita de Santa Lucía estaba adscrita al Hospital.

Ermita de Santa Lucía

Cúpula de la Biblioteca Pública Provincial

Centro de Artesanía

Maqueta de la ciudad en el Museu Valencià de la Il·lustració i la Modernitat

El Eixample
Modernismo

Casa Ortega

Valencia a mediados del siglo XIX era una gran ciudad de 100.000 habitantes, que necesitaba crecer fuera de su muralla medieval. El gobernador Cirilo Amorós inició en 1865 el derribo de la muralla para combatir el paro. Por su parte el Ayuntamiento en 1887 planificó el nuevo territorio urbano según proyecto de Joaquín María Arnau, José Calvo y Lluís Ferreres. Así nació el Eixample (ensanche), siguiendo en parte el modelo de Ildefons Cerdà aplicado en Barcelona. El nuevo trazado de calles, a diferencia del de Barcelona, buscó fundirse con el urbanismo de la ciudad medieval. El perímetro de la muralla se transformó en la ronda.

Mercado de Colón

Entre la calle Colom, el jardín del Turia, la estación de trenes y la avenida
Peris i Valero se trazaron las calles
formando cuadrículas regulares y oc-
togonales, ocupadas por viviendas de
calidad, con chaflanes, que formaron
pequeñas plazas. Se favoreció el trabajo
de arquitectos y artistas en edificios que
hoy constituyen el catálogo modernista
y ecléctico más extenso de la ciudad.

El Mercado de Colón es la joya artística del ensanche. A diferencia del
modernista Mercado Central, situado
en Ciutat Vella, que continúa su función
comercial, el de Colón se ha convertido
en un concurrido espacio de ocio.
Construido a partir de 1913 por el arquitecto Francisco Mora, discípulo de
Domènech i Montaner, posee unos preciosos elementos de decoración cerámica valenciana.

La burguesía valenciana que prota-
gonizó el cambio del siglo XIX al XX
imitaba las novedades culturales que
se gestaban en la sociedad europea.
El modernismo, entendido como arte
libre y moderno, que se inspiró en la
naturaleza y en la revolución industrial, encontró en la tradición artesana
valenciana (vidrio, madera, cerámica,
cerrajería…) y en las bellas artes del fin
de siglo, el caldo de cultivo apropiado
para aplicar un nuevo uso de los diseños
y productos industriales en la arquitectura y el urbanismo.

Modernismo valenciano

La personalidad valenciana, muy pre-
ocupada por cuidar el exterior y las
apariencias, encontró en el movimiento
modernista una gran oportunidad para
vestir a los nuevos edificios privados
y públicos de la gran ciudad con los diseños atrevidos y materiales industriales que la arquitectura del *art nouveau*
aportó al gusto burgués de principios
del siglo XX.

Décadas antes, desde la desaparición
de la muralla que cerraba la ciudad antigua, el eclecticismo arquitectónico,
con influencias neoclásica y mudéjar,
marcó el estilo de las poderosas casas
que fueron ocupando las parcelas de

Mercado de Colón

← **Interior del Mercado de Colón**   **Edificio Noguera II**

los ensanches. Pero la llegada del nuevo arte, principalmente desde Cataluña, transformó el urbanismo de la ciudad moderna en oportunidad de revisar las tradiciones artesanas de Valencia y en una encrucijada artística para su aplicación social con el uso de los renovados códigos industriales. Herreros, carpinteros, ebanistas, escultores, fabricantes de vidrio, ceramistas se pusieron al servicio del arquitecto para colaborar en construcciones públicas y privadas.

La zona del Eixample es la que más se benefició con los proyectos modernistas. La burguesía asumió el riesgo de la novedad estética. Desde esta trama urbana su influencia se expandió al otro lado del rio Turia y a la zona de ampliación del puerto y sus barrios más cercanos. También la apertura de un gran espacio en el centro histórico, donde se ubicó el gran mercado moderno de la ciudad, y la apertura de un nuevo acceso al centro sirvió para realizar un homenaje a la arquitectura modernista.

Las obras públicas y privadas del modernismo valenciano levantadas en aquella época de esplendor económico, gracias al negocio de la naranja y la siderurgia, están firmadas por una notable generación de arquitectos. Los más destacados son: Francisco Mora (1875-1961), Demetrio Ribes (1875-1921), Manuel Peris Ferrando (1872-1934), José Manuel Cortina (1868-1950), Javier Goerlich (1886-1972) y Vicente Ferrer Pérez (1874-1960). Mora aplicó en Valencia conocimientos adquiridos en los notables talleres de arquitectos catalanes, como Gaudí y Doménech i Montaner, en sus años de estudiante en Barcelona. Ribes se formó en la escuela de Madrid y fue un gran conocedor de la arquitectura vienesa de Otto Wagner. Ferrer destacó como maestro en la aplicación de las llamadas artes menores. Goerlich, hijo del cónsul austrohúngaro, ejerció de arquitecto municipal durante varias décadas.

Casa Sánchez de León. Antíguos almacenes Isla de Cuba

Casa del Punt del Gantxo

Estación del Norte

Construida entre 1906 y 1917 por Demetrio Ribes muy cerca del Ayuntamiento para que los viajeros del tren lleguen directamente al centro de la ciudad. Su precioso vestíbulo es una brillante expresión de la vitalidad mediterránea representada en clave modernista. Valencianas vestidas de labradoras, naranjas exuberantes, barracas tradicionales, escenas de pesca de L'Albufera, forjas, estos motivos ornamentales del vestíbulo reflejan la recuperación social y económica de Valencia durante los años de construcción de la estación.

Es un espacio ferroviario, completado hoy con la estación del AVE, que resume la historia del tren, desde la máquina a vapor a la alta velocidad. Cuando se inauguró la vieja estación se quiso ofrecer al viajero una visión deslumbrante de la tierra a la que llegaba. Y el modernismo permitió ofrecer ese brillante escenario arquitectónico. En especial se cuidó destacar los valores y las tradiciones de la identidad valenciana, ofrecer una imagen de tierra rica y fértil.

El viajero se encuentra a la salida con algunos de los edificios más elegantes de la ciudad, que rodean el entorno y la plaza de l'Ajuntament.

Plaza de Toros

Obra de Sebastián Monleón, situada frente a la estación ferroviaria, que se construyó entre 1850 y 1860, siguiendo las pautas neoclásicas de un coliseo romano. Cuatro galerías completamente redondas lucen 384 arcos simétricos. La temporada taurina española comienza en Valencia con la fiesta de las Fallas, en marzo. El Museo Taurino, abierto junto a la plaza, rememora los mayores éxitos del coso valenciano.

Taquillas de la Estación del Norte

Vestíbulo de la estación

← Arriba, Estación del Norte, abajo, Plaza de Toros

Ruta comercial y vital

Valencia es una ciudad de reconocida tradición comercial. Ejerció de mercado pionero en la exportación de productos agrícolas. El barrio de Sant Francesc y la zona del ensanche, en los alrededores del Mercado de Colón, han consolidado un espacio comercial de gran nivel, ocupado por almacenes y tiendas que ofrecen primeras marcas mundiales. En esta zona, la calle Poeta Querol ha configurado una pequeña isla, etiquetada como la milla de oro, con firmas exclusivas de moda europea.

Los productos artesanos aparecen junto a la oferta de nuevos usos de consumo, moda joven y para adultos, últimos diseños, nuevas tecnologías y tendencias de notable sofisticación. Las mejores marcas de ropa y artículos para el hogar tienen sede a uno y otro lado de la calle Colom. La invasión comercial, reforzada con la instalación de numerosas oficinas de empresas, no ha impedido que el vecindario burgués de siempre siga ocupando las espléndidas viviendas, que se construyeron cuando se planificó el ensanche.

En Valencia se compra moda a muy variados precios, en grandes almacenes o pequeños comercios, porque la oferta va desde primeras firmas y boutiques de diseñadores emergentes a tiendas con marcas locales. Los creadores valencianos saben trabajar muy bien la marroquinería, el punto, las sedas y las fibras naturales. La abundancia de zapaterías y bolserías de calidad permite satisfacer todos los gustos. Destaca también el diseño más reciente en tiendas de elementos y ropa de hogar, y en comercios donde se muestran objetos de un interiorismo puesto al día.

Son tiendas para comprar recuerdos del viaje. La cerámica y la artesanía constituyen elementos destacados en la tradición de la ciudad. Hay comercios de alimentación, auténticas boutiques de los sabores y de los aromas. Las tiendas de libros, imagen y música ofrecen una gama interminable de artículos.

Calle Colom

Calle Císcar

Russafa

Antiguo municipio agrícola, muy próximo a la ciudad, que en 1877 se incorporó al Ayuntamiento de Valencia. Hacia el siglo IX se creó al sur una alquería árabe con una gran zona verde, distante dos kilómetros de la Balansiya amurallada. La belleza natural de su parque y acequias fueron alabados en poesías de la época, y de ahí procede su nombre, *rusafat* ('jardín').

Los *russafers* más antiguos estaban especializados en traer los troncos de madera de los bosques de Los Serranos por las aguas del Turia hasta el puerto, ayudados por grandes ganchos. Al pueblo se le llamó *terra del ganxo* (tierra del gancho).

El ensanche moderno de Valencia, cuando se planificó la ciudad del siglo XX, incorporó el trazado irregular de esta población a la planificación en manzanas cuadradas, respetando la fusión entre dos concepciones urbanas tan diferentes. De modo que también forma parte del distrito 2.

En la actualidad ofrece una vida intercultural muy intensa por el alto índice de vecinos inmigrantes y de creadores y artistas que han abierto estudio en la zona. Modernos espacios artísticos conviven con las culturas de origen de los nuevos habitantes, reproduciendo el ambiente abierto y joven, que generó el Carme durante la década de 1970.

Graffiti

Russafa creativa y abierta

↑ **Mercado de Russafa**   ↓ **Arte popular y comercial**

Iglesia de San Valero

Es el edificio más representativo del barrio. Se levantó sobre otro templo más antiguo incendiado en 1415. La construcción arquitectónica pertenece al maestro Tomàs Lleonard Esteve y la ornamentación barroca a Juan Bautista Pérez.

Mercado de Russafa

La intensa vida del barrio cada mañana se descubre en el mercado, donde conviven gustos y productos de diversas culturas. Fue construido por el Ayuntamiento en 1957, durante el franquismo, para mejorar las condiciones sociales de la zona. Las líneas austeras de la construcción se animan con colores en las fachadas. Cerca se encuentra el convento Nuestra Señora de los Ángeles, donde Jaime I firmó la capitulación del rey moro de Balansiya.

Cúpulas de la iglesia de San Valero

Puesto del mercado

Sala Russafa

Este contenedor cultural procede de la transformación de una fábrica de maquinaria industrial situada en el número 55 de la calle Dénia. Una sala de 174 butacas, dos aulas para ensayos y un espacio de exposiciones y conferencias es el proyecto puesto en pie por Arden Producciones.

Sala Russafa

Jardín del Turia

Un río sin agua, para el ocio y la cultura

Un atardecer bailando swing bajo el puente de la Exposición

El 14 de octubre de 1957 el río Turia provocó su última y trágica riada en Valencia. El Ayuntamiento decidió poner fin a las inundaciones cíclicas, y proyectó desviar el río por el exterior de la ciudad, financiando la iniciativa con un sello de 25 céntimos, obligatorio en el correo que salió de la ciudad durante muchos años. Los doce kilómetros del cauce quedaron libres para otros usos urbanos. Por presión de los vecinos en 1980 se plantaron los primeros árboles de la que es hoy la zona verde y deportiva más extensa de la ciudad, después de denunciar los intentos de convertir el viejo río en autopista. La Comisión Europea nombra Valencia "Capital Verde Europea 2024", por su amplia dotación de parques, jardines y calidad del medio ambiente.

↑ **Estanque del Parque de Capçalera** ↓ **Elefantes en el Bioparc**

Parque de Capçalera

Los arquitectos Arancha Muñoz, Eduardo de Miguel y Vicente Corell recibieron el encargo de realizar un homenaje a la presencia del agua en la ciudad, en la zona más alta del recién liberado cauce del Turia. El parque está diseñado como si fuera un azud, regulador del descenso de las aguas, distribuido en grandes plataformas. Se encuentra en el punto donde el Jardín del Turia se une con el tramo final del rio construido por el Plan Sur. Desde un mirador se puede contemplar el conjunto de instalaciones: embarcaciones de recreo, islas, senderos y bosque.

Bioparc

Reúne amplias infraestructuras de vanguardia para disfrutar del mundo animal en cautividad. En este nuevo zoológico, que sustituye al que existía en los jardines de Viveros municipales, se han evitado la presencia de jaulas. Los animales se contemplan a distancia, moviéndose de manera espontánea. En una superficie de 10 mil metros cuadrados se reproducen los diferentes ecosistemas de África.

Museo de Historia de Valencia

El ingeniero y arquitecto catalán Ildefons Cerdà construyó con ladrillo estos bellos depósitos de agua en 1850, transformados hoy en museo. Los 2.200 años de historia de la ciudad se muestran, con ayuda de las nuevas tecnologías, en este recinto, que acredita que el jardín del Turia se ha convertido en un río de cultura, al reunirse en las dos riberas instituciones de gran interés. Se encuentra situado en el límite con el vecino municipio de Mislata.

Un río para el deporte

Los jardines del Turia son el santuario de atletas y ciclistas, un punto de encuentro para practicar cualquier deporte y participar en movimientos urbanos de cultura y ejercicio físico. El Complejo Deportivo La Petxina, antiguo matadero que se construyó en 1898 en la orilla derecha, ofrece residencia e instalaciones a deportistas de elite.

Sala hipóstila del Museo de Historia de Valencia

El Jardín del Turia, espacio ideal para el deporte

↑ **Puente del Real**   ↓ **Puente dels Serrans**

Los puentes

La creación de un parque de cerca de un millón de metros cuadrados abierto las 24 horas del día, y al que se accede con facilidad desde cualquier barrio, ha sido la principal reforma urbana de Valencia en las últimas décadas Hay que citar tres tramos: el diseñado por el arquitecto Ricardo Bofill, a los pies del Palau de la Música, con criterios neoclásicos; el Parque Gulliver, para niños, construido por el artista fallero Manolo Martín, el dibujante Sento Llobell y el arquitecto Rafael Rivera, y la Ciutat de les Arts i les Ciències.

El viejo cauce del Turia está atravesado por 20 puentes, la mitad construidos después de 1960. Destacan los siguientes: Puente del Mar, de uso peatonal desde 1933. Es el más artístico de los puentes antiguos. Puente de Aragón, prolongación de la Gran Vía Marqués del Turia y conexión imprescindible con los poblados marítimos. Puente del Regne de València, o puente de los demonios, por los ángeles caídos que lucen en sus cuatro esquinas. Puente del Ángel Custodio, construido en 1949. Puente de la Exposición, levantado por Santiago Calatrava sobre una estación de metro. Puente de las Flores, dispone de pasarelas peatonales y jardineras con geranios. Puente 9 d'Octubre, construido en 1989, la primera obra arquitectónica de Calatrava en su ciudad.

Puente del Mar

Puente de la Exposición

Demonio del puente del Regne de València

Museo de Bellas Artes

Este edificio de aspecto barroco se proyectó inicialmente a principios del siglo XVIII para acoger seminaristas, pero luego se transformó en hospital y almacén militares. En 1925 su iglesia perdió la bóveda por ruina, elemento que ha sido reconstruido. Hasta la década de 1940 no se convirtió en sede de una importante pinacoteca de arte clásico, que antes estuvo depositada en el Convento del Carme. El patio renacentista del palacio del Embajador Vich, instalado hace unos años en el museo, pretende ser una nueva entrada desde los Jardines del Real.

La colección más destacada pertenece a las tablas góticas de los primitivos valencianos, que en el apogeo de la ciudad, en los siglos XIV y XV, hicieron obras de arte de gran valor. Las firman Jacomart, Pere Nicolau, Damià Forment, Reixach y Falcó. La otra colección importante corresponde a los maestros de la gran pintura valenciana, cultivada entre el XIX y el XX, con Joaquín Sorolla en el lugar más destacado de esta generación, y los pintores y escultores Pinazo, Benlliure, Muñoz Degrain, Domingo y Agrasot. La cualificada pintura europea está presente con El Greco, El Bosco y Van Dick, no faltan los retratos de Goya y el academicismo de José de Madrazo y Vicente López, junto a obras muy visitadas de Velázquez, Murillo y Zurbarán.

Patio del Embajador Vich

← **Sala de retablos**

Sala Sorolla

Jardines del Real

Museo de Ciencias Naturales

Jardines del Real

Jardín urbano, que siglos atrás fue el parque del Palacio Real, residencia de los monarcas valencianos. Los restos arqueológicos del palacio permanecen bajo la calle General Elio y a la entrada de los jardines. En su interior destaca el escenario donde se celebran los conciertos de la Fira de Juliol y el paseo ocupado por la Fira del Llibre. En la zona derecha de la entrada situada frente al río, el visitante puede pasear por un intrincado laberinto de glorietas y parterres de estilo neoclásico. La última ampliación de los jardines tuvo lugar en 1974, al incorporar rosaledas y una avenida de cipreses con una escultura de Andreu Alfaro.

La valla que circunda el parque procede del Parterre, jardín de la Xerea, que construyeron los franceses. La historia de esta zona verde empezó con el rey moro Ali Bufat Muley al construir extramuros una finca de recreo.

Museo de Ciencias Naturales

Edificio situado dentro de los jardines del Real, en lo que fue un antiguo restaurante. Ha sido remodelado para ofrecer exposiciones científicas de notable interés. Entre sus fondos destacan la donación Rodrigo Botet, dedicada a paleontología del cuaternario de América del Sur, y la aportación valenciana de los científicos Eduardo Boscá Casanoves, Antonio Cabanilles y Ramón y Cajal.

Jardines de Joaquín Monforte Parrés

Juan Bautista Romero, marqués de San Juan, quiso construir en 1849 un palacete con jardín romántico en una zona ocupada por huertas y villas aristocráticas. La obra se la encargó al arquitecto Sebastián Monleón Estellés. Los dos leones esculpidos por José Bellver, que lucen en el jardín, estaban destinados a la puerta del Congreso de los Diputados, pero sus señorías los rechazaron por pequeños.

Jardines de Monforte →

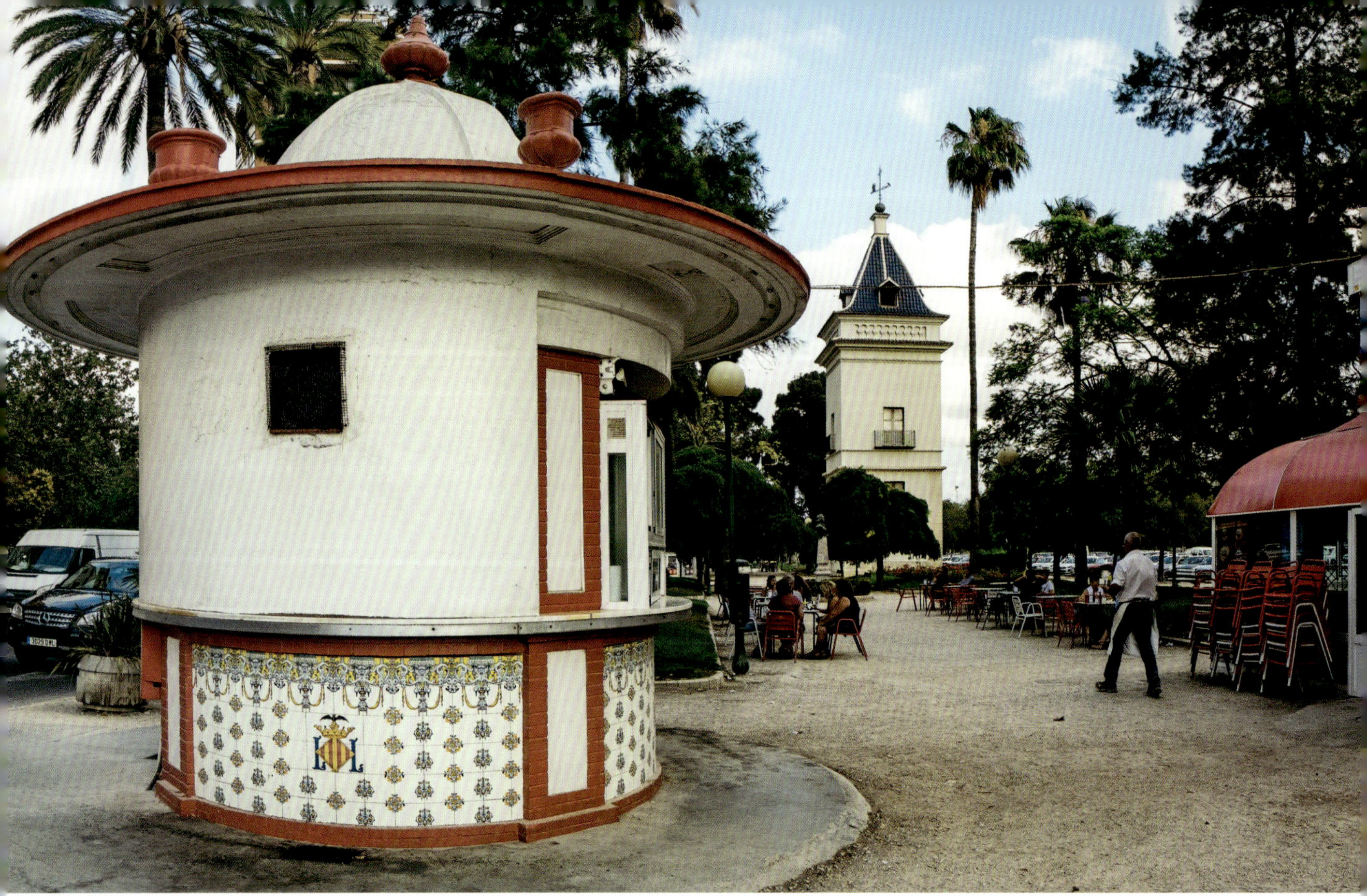

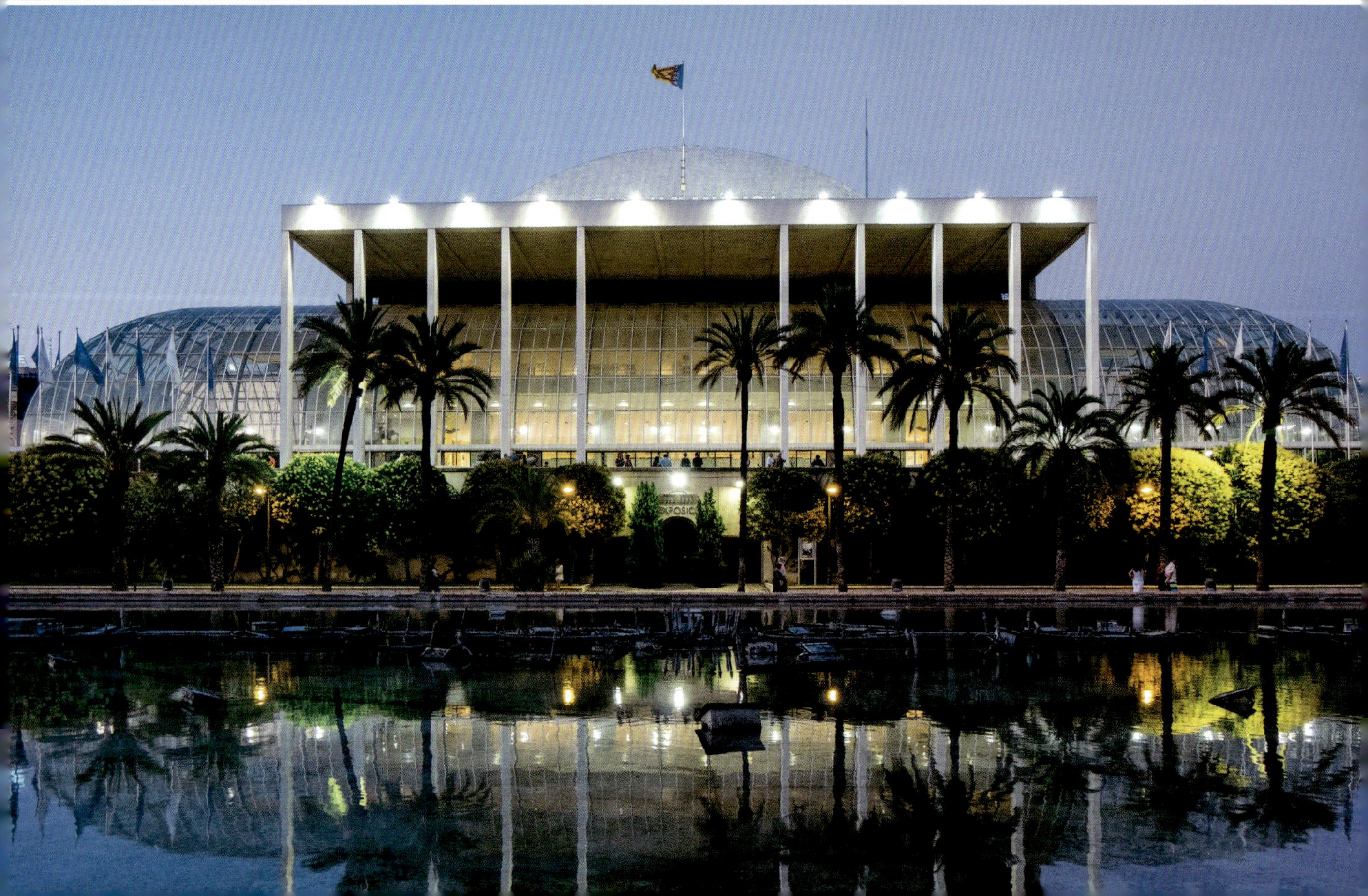

Paseo de L'Albereda

Prado y lugar de recreo situado al otro lado del río, que después de derribarse la muralla, se transformó en el espacio preferido de nobles y burgueses para lucir sus carruajes a finales del XIX. A partir de 1871 se instalaron los pabellones festivos de la Fira de Juliol, y se celebró el vistoso desfile de la Batalla de les Flors. Los primeros álamos que se plantaron a mediados del XVII dieron su nombre al paseo.

Palacio de la Exposición

El arquitecto Francisco Mora, aprovechó los años de gloria que registró Valencia con motivo de las exposiciones Regional y Nacional de 1909 y 1910, respectivamente, para levantar esta muestra de arquitectura tradicional valenciana revisada por el modernismo. Al lado, la Casa de Lactancia también procede de esa época.

Palau de la Música

Es el principal auditorio de la ciudad, aunque muy cerca se encuentre el palacio de la ópera. Construido en 1984 por el arquitecto José María García de Paredes, dispone de una sala principal con una acústica impecable. La fachada consta de una hermosa bóveda acristalada, que evoca a los palacios de cristal del XIX. Desde su terraza se contemplan los jardines diseñados por Ricardo Bofill. El estanque de agua dispone de una fuente programada para un espectáculo de música y juegos de luces. Es la sede oficial de la Orquesta de Valencia. En sus diferentes recintos puede acoger a más de 2.100 espectadores.

← Arriba, el paseo de L'Albereda, abajo, el Palau de la Música

Noria el el Jardín del Turia, frente a L'Albereda

Palacio de la Exposición

Ciutat de les Arts i les Ciències

Nueva imagen urbana

Este gran proyecto arquitectónico se enmarca en una revisión de la planificación de la ciudad, al crear una nueva centralidad y un área de atracción turística en la antigua desembocadura del Turia. Al mismo tiempo se ha convertido una antigua zona industrial en un barrio de modernas viviendas. El conjunto de 350.000 metros cuadrados de superficie, el mayor complejo urbano de difusión cultural, educativa y de ocio construido en los últimos años en Europa, es la imagen de marca de Valencia para el siglo XXI. El complejo recrea el arte, la ciencia y la naturaleza con infraestructuras de avanzada tecnología.

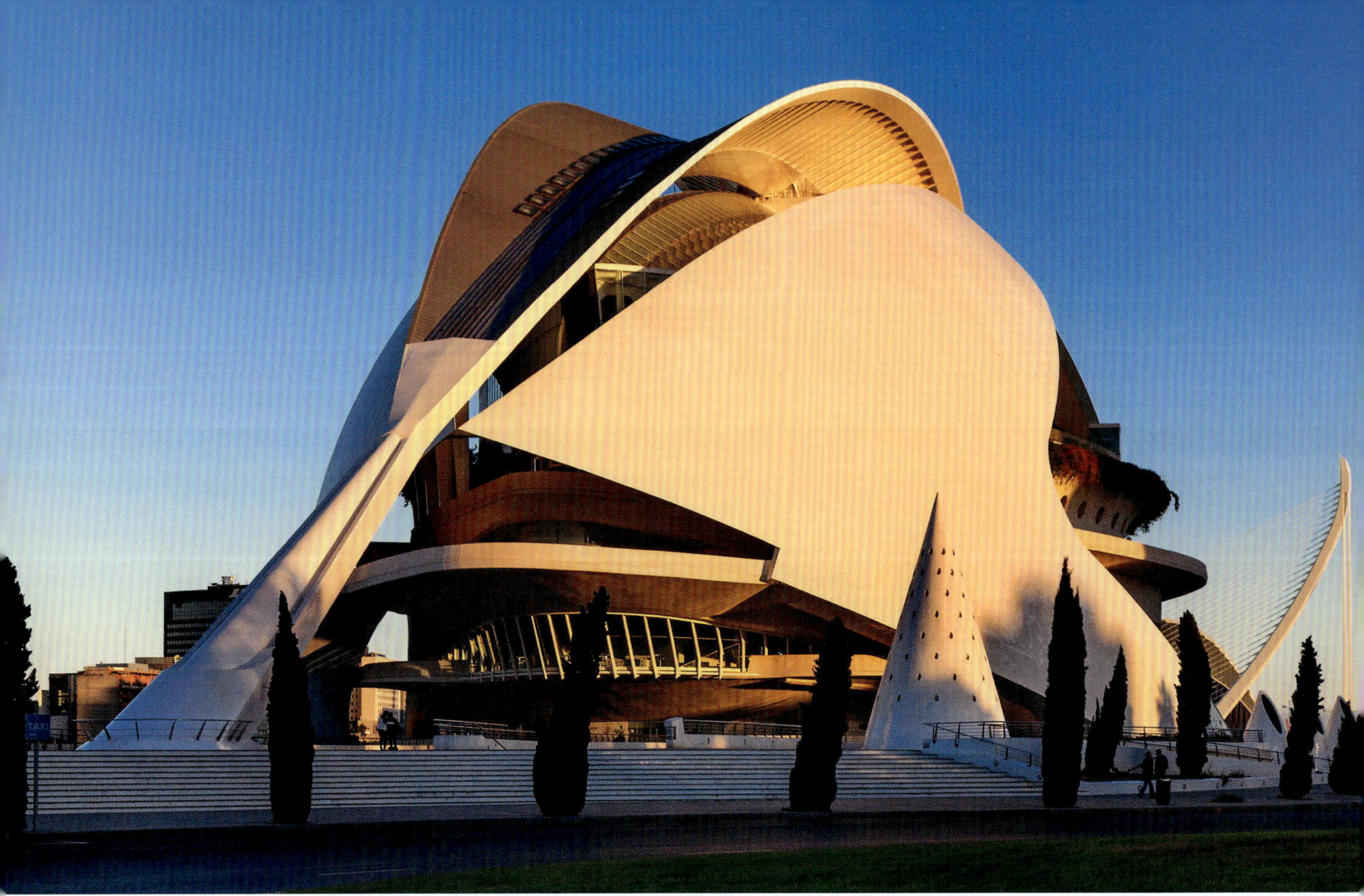

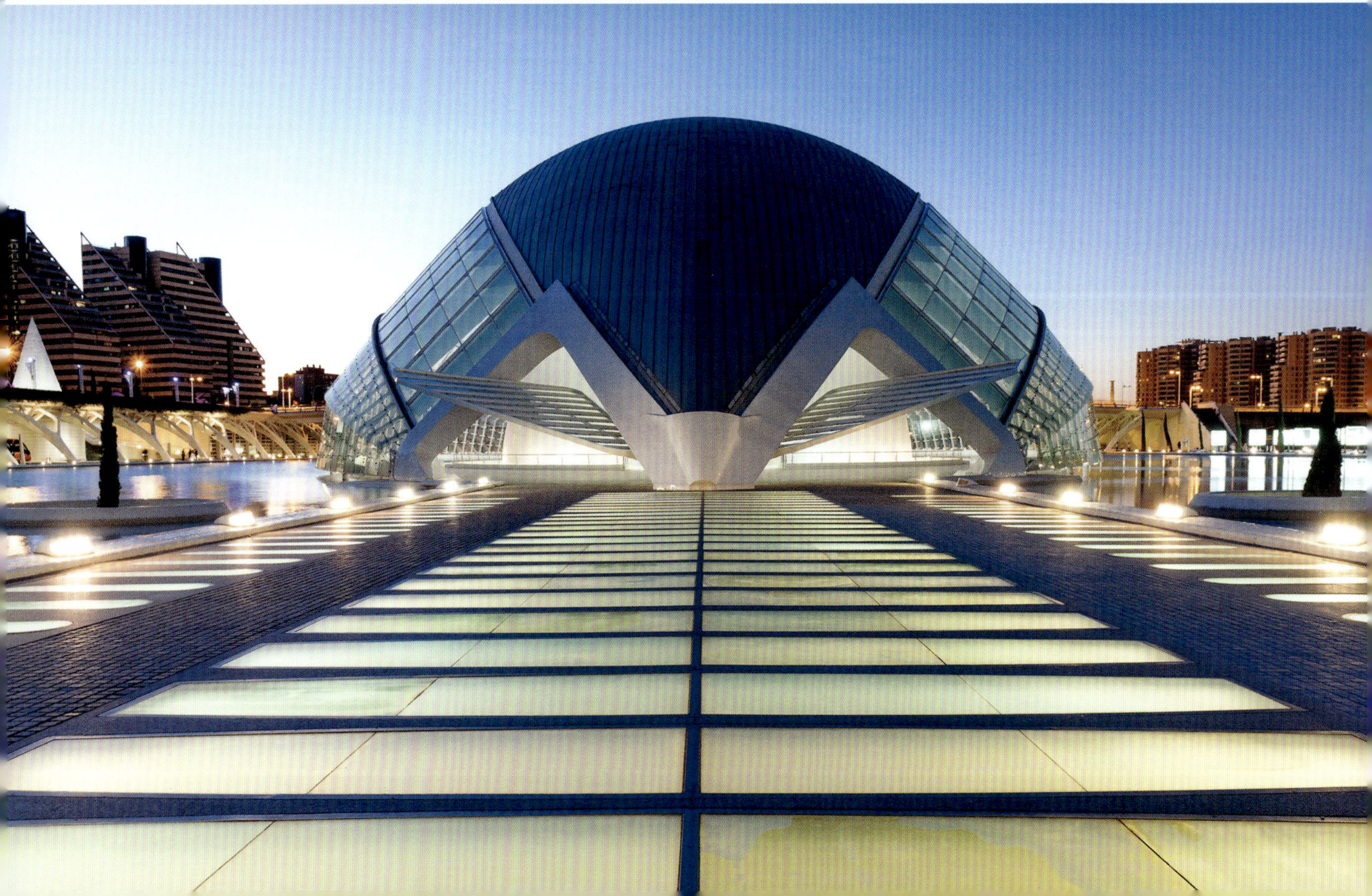

Palau de les Arts

Se construyó en 2005 en el vértice inicial del complejo cultural. Al principio esta parcela se quiso destinar a torre de Telecomunicaciones, pero se desistió porque la zona coincide con un corredor de tráfico aéreo. Dos cáscaras construidas en acero laminado conforman la piel exterior del edificio. Sus cuatro salas ofrecen una notable temporada de ópera, música sinfónica y ballet.

El uso del hormigón blanco en todos los edificios de la Ciutat, y la presencia de láminas de agua distribuidas en inmensos estanques, son efectos buscados intencionadamente por el arquitecto Santiago Calatrava, para reconstruir la luz mediterránea y la nostalgia del río desaparecido. Calatrava ha reunido en este enclave de Valencia, de aspecto futurista, todas las maneras y estilos de construir que le han hecho famoso en el mundo entero.

L'Hemisfèric

Inaugurado en 1998, consta de una sala de proyecciones de cine IMAX para 300 personas. El edificio representa un ojo humano de grandes dimensiones, que mira plácidamente sobre un gran estanque de agua. El párpado y las pestañas se pueden abrir y cerrar gracias a un inteligente proyecto de ingeniería hidráulica.

Fue el primer edificio que hizo realidad esta megaciudad dedicada al ocio. El proyecto iba a ser solamente un gran museo científico. Pero al iniciarse definitivamente las obras se le añadieron al diseño inicial los elementos culturales de las artes escénicas y el acuario.

Dos años después de inaugurar la sala de proyecciones, tuvo lugar la apertura del museo científico. En 2002 abrió sus puertas el Oceanogràfic, que es el recinto más visitado del conjunto de instalaciones. Por último, en 2005 se levantó el telón en el palacio de la ópera.

Palau de les Arts

L'Hemisfèric

Museu de les Ciències

Más de 42.000 metros cuadrados distribuidos en cinco plantas han sido creados por el arquitecto Calatrava para mostrar la vieja y la nueva ciencia, con exposiciones que hacen fácil comprender a todos los públicos la utilidad de los descubrimientos científicos. Los arcos exteriores de más de 40 metros de altura, que representan la columna vertebral de un imaginario diplodocus, transforman la monumentalidad de este edificio en algo irreal, en una imagen futurista. Los amplios estanques de agua que rodean su perímetro, en los que se reflejan las audaces formas arquitectónicas, acentúan la fantasía del escenario. Esta atmósfera ha hecho que la Ciutat, en pocos años, se haya situado como una eficaz plataforma comercial de promociones publicitarias, rodajes de películas y eventos sociales y empresariales. El arquitecto ha pretendido aplicar al proyecto una unidad visual, la que establece el *trencadís* (cerámica rota) de origen modernista, en tonos blanco y azul, buscando los resultados que con tanta brillantez alcanzó Gaudí en Barcelona.

L'Umbracle

Representa la entrada simbólica al gran complejo de ocio. Constituye una zona verde de 7.000 metros cuadrados, cubierta por una marquesina metálica adornada con vegetación y animada con esculturas de Yoko Ono, Miquel Navarro y otros artistas. También ofrece la función de espacio botánico para 50 especies autóctonas, además de otras plantas mediterraneas. Debajo se encuentra un amplio aparcamiento para los visitantes de la Ciutat.

Umbracle y Àgora fueron actuaciones emprendidas para complementar los cuatro proyectos más significativos, las que marcaron en realidad la columna vertebral del conjunto arquitectónico y turístico.

Museu de les Ciències

L'Umbracle

↑ L'Oceanogràfic ↓ L'Àgora y el Pont de l'Assut de l'Or

L'Oceanogràfic

Ciudad submarina considerada el acuario más grande de Europa. Creado por el arquitecto Félix Candela, con la colaboración de Adrián López, y los ingenieros Alberto Domingo y Carlos Lázaro, está poblada por más de 45.000 ejemplares acuáticos, incluso aves. Consta de diez zonas que permiten recorrer en un tiempo relativamente corto los diferentes ecosistemas marinos del mundo. Cada edificio se identifica con los ambientes acuáticos del Mediterráneo, mares templados y tropicales, humedales, océanos, Ártico, Antártico e islas. Las especies del Mar Rojo se muestran en un gran acuario situado como telón de fondo del escenario del auditorio. Uno de los grandes atractivos son las demostraciones con delfines, que se ofrecen en un delfinario al aíre libre de 10,5 metros y 24 millones de litros de agua.

L'Àgora. CaixaForum València

Edificio inaugurado en 2010, obra de Santiago Calatrava, que ha cambiado su primer uso deportivo por una ambiciosa propuesta cultural, financiada y gestionada por CaixaForum (Fundació La Caixa). Su transformación en contenedor cultural, que acerca a todos los sectores sociales la revolución de la inteligencia artificial, se ha inspirado en un proyecto diseñado por el arquitecto Enric Ruiz-Geli y su estudio Cloud 9. Se trata de un creador polivalente que incluso ha trabajado propuestas escenográficas con Bob Wilson. Por esta razón incorpora obras de artistas (Frederic Amat, Inma Femenía y Ana Talens) para evocar la naturaleza del futuro, la imagen tradicional de los arrozales del parque de la Albufera y el arco iris. En el interior, una nave espacial despegada del suelo acoge una muestra sobre el uso de la inteligencia artificial en el mundo de la educación. El exterior ofrece una cubierta de *trencadís* azul cobalto, homenaje a las cúpulas de las iglesias valencianas.

Pont de l'Assut de l'Or

Tiene 180 m de longitud y 125 de altura. Un gran mástil sujeta con cables tirantes el conjunto estructural. Su nombre corresponde con la plataforma que regulaba el agua del río. Une el bulevar sur de Valencia con la continuación del cuarto cinturón de ronda de la ciudad.

L'Oceanogràfic

CaixaForum València, La Nube

El puerto, el Cabanyal y las playas

La Valencia más mediterránea

Cuando se dice que Valencia vive de espaldas al mar, probablemente se piensa en un tiempo en el que los poblados marítimos fueron Poble Nou del Mar, municipio agrícola y pescador independiente, al que los burgueses de la ciudad iban de veraneo cuando comenzó la moda de los baños de mar. Este frente marítimo se unió administrativamente al ayuntamiento de la capital en 1897, pero manteniendo buena parte de sus costumbres. Ahora ya no existe distancia social entre el centro histórico y los barrios del mar por la gran expansión comercial del puerto y la urbanización de la zona como playa y paseo marítimo de Valencia.

↑ **Edificio del Reloj**   ↓ **Tinglado comercial modernista**

TINGLADO Nº 2

La Marina de València

Al inicio del siglo XXI la ciudad ha vuelto a descubrir su fachada marítima al realizar una profunda transformación del viejo puerto, para convertirlo en una moderna marina, destinada a promover innovación empresarial, deportes náuticos y ocio nocturno compartido con espacios de gastronomía moderna. El amplio espacio de un millón de metros cuadrados, que ofrece la marina, está comprometido con iniciativas de futuro.

El desplazamiento estratégico del centro de la ciudad hacia el este, impulsado por la construcción de la Ciutat de les Arts i les Ciències, ha generado un nuevo impulso social y turístico del frente litoral.

En los primeros años la apuesta fue la competición náutica internacional Copa del América y la construcción de un circuito urbano de Fórmula 1. Pero en la actualidad La Marina de València ha buscado una nueva orientación al promover un amplio espacio de vida nocturna de la ciudad, la celebración de grandes conciertos al aire libre y una mejor dotación de las instalaciones náuticas.

La Marina ocupa la parte más antigua del puerto, alrededor del elegante edificio del Reloj. Tres construcciones de estilo modernista: los tinglados comerciales, el Varadero Público construido con ladrillo rojo y los docks comerciales definidos por su fachada de ladrillo dan testimonio de la antigua actividad portuaria. En aquellos tiempos este barrio marítimo tenía su propio ayuntamiento, diferente al de la capital.

Los nuevos diques se han convertido en lugares acogedores y bien dotados para los amantes del deporte náutico en la costa mediterránea. La reforma del sector sur en gran recinto de conciertos, al que se accede por el puente móvil del canal, ha incrementado de manera notable la estadística de usuarios de La Marina. También se ha ampliado la capacidad de amarres y dotación de servicios para megayates que representan en sí mismo un espectáculo.

El germen investigador de nuevas empresas tecnológicas abiertas en las antiguas bases de equipos náuticos, nuevos recintos gastronómicos y espacios para deportes náuticos completan la oferta social de esta fachada litoral conquistada de nuevo para la ciudad.

Ambiente relajado frente a la torre del Reloj

Amanecer en la Marina de València

Las Atarazanas

Construcción gótica levantada en el siglo XIV junto a la iglesia de Santa María del Mar, con cubierta de madera y amplios accesos para permitir la entrada y salida de barcos en construcción. Esto ahora no sería posible, ya que la presencia de altos edificios a su alrededor, dificulta la conexión directa con el mar. El Ayuntamiento, tras expropiarlas en 1980, las ocupa con interesantes exposiciones temporales y el museo marítimo.

Edificio Veles e Vents

Obra del arquitecto David Chipperfield, en colaboración con el estudio de Fermín Vázquez, como emblema artístico del nuevo puerto. Su imagen está asociada directamente a las celebraciones de la Copa América. El edificio se levanta sobre una nueva dársena ocupada por bares y restaurantes y junto al nuevo canal por el que las embarcaciones accedían a la zona marítima de competición. Consta de cuatro inmensas plataformas, desplazadas unas sobre otras para facilitar zonas de sombra.

Interior de las Atarazanas góticas

Edificio Veles e Vents

Casa Calabuig →

↑ El Cabanyal. Color y sabor popular   ↓ Museo del Arroz

El Cabanyal

Poblats Marítims agrupa cinco barrios históricos. El primero al sur, Natzaret, ha quedado aislado al perder la playa por los aterramientos del gran puerto. El segundo corresponde al Grau, núcleo localizado en la entrada del puerto. A continuación es el espacio de las largas calles del Cabanyal y Canyamelar. Y por último, la Malva-rosa, el barrio más septentrional del frente litoral.

En los últimos tiempos, por la popularidad del movimiento vecinal *Salvem el Cabanyal* contrario a la prolongación de la Avenida Blasco Ibáñez hasta el mar, porque rompía la trama urbana tradicional del barrio, se denomina con frecuencia Cabanyal a toda la zona marítima. Finalmente la voz de los vecinos se ha impuesto a la voluntad política del anterior Ayuntamiento de mayoría conservadora.

En sus calles destaca la arquitectura popular de casas ornamentadas al estilo modernista. Las altas chimeneas de ladrillo pertenecen a antiguas industrias, algunas dedicadas a bebidas alcohólicas. El Museo de la Semana Santa Marinera, una de sus tradiciones más antiguas, está situado en un molino de arroz de 1902. La Iglesia de Nuestra Señora del Rosario (1845) es escenario destacado de estos festejos. El teatro El Musical, situado en el corazón del Cabanyal, antes de su última reforma fue sede del Ateneo Musical del Puerto.

Modernismo popular en el Cabanyal

Teatro El Musical

Paella

Playa de las Arenas

Aquí se abrió el primer balneario de la ciudad, en 1888, donde hoy se ha instalado un moderno hotel de lujo con vistas al mar desde todas las habitaciones. Permanecen en pie los dos pabellones de estilo clásico griego, donde se abrieron vestuarios separados de hombres y mujeres.

El arquitecto Luis Gutiérrez Soto construyó en el balneario, en la década de 1930, dos piscinas, una exclusivamente dedicada a los niños, y aplicó diseños constructivos procedentes de la arquitectura naval en la torre del trampolín y la zona del bar.

↑ **Playa de las Arenas**   ↓ **Hotel Balneario Las Arenas**

Playa de la Malva-rosa

Es el tramo más conocido de esta extensa playa de arena porque el pintor Joaquín Sorolla y el escritor Vicente Blasco Ibáñez la popularizaron en sus obras. Uno pintando a bañistas y pescadores y otro creando novelas desde el balcón de su chalet, transformado hoy en su casa museo, que se puede visitar. En segunda línea permanecen las residencias de la burguesía de Valencia que pasaba las vacaciones de verano.

En primera línea, un largo y amplio paseo marítimo cubierto de palmeras convierte esta playa en una de las más atractivas y cómodas del litoral mediterráneo. La oferta de restaurantes es muy numerosa para comer y cenar paella y marisco frente al mar.

La copa nocturna es recomendable tomarla en bares y terrazas de la playa de la Patacona (municipio de Alboraya). El nuevo barrio residencial construido sobre el antiguo polígono industrial de Vera permite además seleccionar una selecta oferta gastronómica y alquilar un apartamento para días de playa.

Casa-Museo Blasco Ibáñez

Ciudad de futuro
La Valencia del siglo XXI

Palacio de Congresos

Valencia planifica su futuro en cinco áreas complementarias entre sí: la actividad comercial, la promoción turística, la ampliación de zonas verdes, la innovación científica y la renovación empresarial. La puesta al día del palacio de ferias coincide con el notable incremento de la actividad portuaria y el aumento del turismo de negocios y convenciones. En la Universidad la innovación tiene prioridad, del mismo modo que la biomedicina dispone de espacios de investigación en la ciudad. En cuanto al turismo, el incremento de llegada de cruceros y la nueva orientación de los eventos culturales y deportivos, le han convertido en una fuente de recursos en crecimiento. El futuro Parc Central representa más de 230.000 metros cuadrados de nuevos jardines, paseos, árboles y plantas.

↑ Parc Central ↓ Avenida de les Corts Valencianes

Parc Central

La primera fase del Parc Central, en el
barrio de Russafa y Malilla, corresponde
a más de la tercera parte de lo que será
su superficie total. El gran proyecto
consiste en hacer subterráneo el servicio
ferroviario de la modernista Estación del
Norte y su playa de vías, que bloquean
desde hace un siglo la continuidad de la
trama urbana en el sector central de la
ciudad. La prestigiosa paisajista Kathryn
Gustafson ha creado un pulmón verde
de árboles, estanques, plantas y flores
integrado con la arquitectura tradicional y
los desniveles del terreno descontaminado.
Las naves modernistas de Demetrio Ribes,
que sirvieron de almacenes ferroviarios, se
han integrado como espacios de uso social
en la sinuosa trama de paseos. Una antigua
alquería blanca actúa, como símbolo de
homenaje a la huerta valenciana, de centro
operativo del parque.

Campus de Tarongers

Al abrirse los dos campus universitarios, el científico y el de humanidades,
en la Avenida de Tarongers, la ciudad
inició otro camino al mar en línea
paralela a la Avenida de Blasco Ibáñez.
Al final de la zona de escuelas y facul-
tades se ha construido la Ciudad Poli-
técnica de la Innovación, ejemplo arquitectónico de lo que serán la docencia
y la investigación de los próximos años.
El proyecto del arquitecto Luis Manuel
Ferrer Obanos ha permitido construir
un contenedor de usos polivalentes
y temporales con nuevos materiales
creados por renovada tecnología.

Avenida de les Corts Valencianes

Es una de las arterias urbanas más modernas, que prolonga la ciudad por el noroeste
con la construcción de altas edificaciones
dedicadas a oficinas de empresa, negocios
y viviendas. La construcción del nuevo es-
tadio de futbol del Valencia, la apertura de
varios hoteles de gran capacidad y de numerosos bares y restaurantes ha consolidado los usos turísticos y urbanos que signi-
ficó en 1993 la inauguración del Palacio de
Congresos. Era un elemento dinamizador,
cercano al recinto del palacio de ferias, que
debía impulsar una nueva centralidad en la
zona noroeste de la ciudad.

Universitat de València UV. Facultad de Derecho

Universitat Politècnica de València UPV

↑ **Palacio de Congresos**   ↓ **Auditorio Feria Valencia**

Palacio de Congresos

El proyecto de Norman Foster constituye el icono arquitectónico de esta parte de Valencia, cuya inmensa cubierta destacaba sobre los campos y huertas que, en su inauguración, todavía ocupaban la barriada. Ahora las grandes alturas de los edificios construidos en la avenida minimizan el efecto buscado por el genio de Foster. Su trazado muy horizontal no impide que a través de inmensas cristaleras recoja toda la luz y calor mediterráneos. En su exterior se ha diseñado una inmensa rosaleda y estanques de agua. Medio centenar de congresos al año ocupan sus modernas salas.

Feria Valencia
Recinto ferial de Benimàmet

La institución ferial valenciana fue pionera cuando se creó en 1917 para reforzar la vocación exportadora de la economía. La permanente ampliación y modernización de sus instalaciones en la pedanía de Benimàmet, ha tenido su último empuje en la apertura de un moderno Centro de Eventos, que completa la superficie de numerosos pabellones, unificados recientemente por la reforma global del arquitecto José María Tomás Llavador. A lo largo del año cerca de cuarenta ferias (mueble y cerámica son las más concurridas) ocupan las salas. Un centenar de salones monográficos y eventos completan su oferta de negocio.

EDEM
Escuela de Empresarios

Varios edificios de la Marina de València, que acogieron las bases operativas de los equipos náuticos que compitieron por el trofeo internacional Copa del América, están destinadas a la formación empresarial, de acuerdo a un ambicioso proyecto creado por grandes empresarios valencianos pertenecientes a todos los sectores económicos. La escuela no sólo forma a universitarios, que buscan proyectos como futuros emprendedores, sino también a jóvenes en busca de una salida profesional vinculada a las empresas implicadas en EDEM. También se ofrece formación a directivos de empresas y se programan cursos destinados a crear nuevos liderazgos económicos. Una escuela de similares características está previsto poner en marcha en el puerto de Alicante, con implicación de empresas y empresarios de las comarcas del sur valenciano.

Circuito Ricardo Tormo

Dotado de instalaciones para competiciones de automovilismo y motociclismo, lleva el nombre del piloto valenciano que fue dos veces campeón mundial de 50 cc. Situado en Cheste, a 26 km de Valencia, tiene capacidad para 120.000 espectadores (sentados 60.000). Por el buen clima, en invierno acoge numerosas pruebas de equipos europeos.

EDEM

L'Albufera y L'Horta
La despensa de Valencia

Parque Natural de L'Albufera

La llanura geológica que se formó a uno y otro lado del río Turia, unido a la abundancia de agua natural presente en pozos y fuentes, transformó el paisaje del litoral de Valencia en una inmensa huerta, dispuesta a abastecer la cesta de la compra y la rica gastronomía de la zona. El entorno de L'Albufera y la comarca de L'Horta mantienen su identidad agrícola pese al crecimiento urbano y creación de nuevos polígonos industriales. El primer espacio está reservado al monocultivo del arroz, mientras que en el segundo las parcelas de agricultura intensiva suministran productos frescos a los mercados de la ciudad.

Parque Natural de L'Albufera

Al sur del municipio Valencia disfruta de un parque natural, en el que las tareas agrícolas del cultivo del arroz se compatibilizan con el turismo de naturaleza y el disfrute de sus playas.

Durante siglos fue considerada una zona insalubre, con aguas encharcadas, reservada para coto de caza de la corona española. En el siglo XIX no perdió su carácter público, pero la titularidad la asumió el Ayuntamiento de Valencia. La gestión del parque corresponde ahora a trece ayuntamientos, después del intento privatizador que impulsó la administración franquista. La construcción de apartamentos sólo afectó a un sector de las playas del parque.

Constituye una zona húmeda de 21.000 hectáreas, donde las aves migratorias hacen parada obligada en sus periódicos viajes del norte de Europa al norte de África y en sentido inverso. El lago de agua dulce, bautizado por los árabes como albufera, es, en realidad, un mar interior, separado del Mediterráneo por un cordón de dunas y pinares por donde suelen andar los visitantes. El contacto del lago con el mar está regulado por tres canales con compuertas.

Los pescadores de L'Albufera ponen a disposición del viajero sus barcas para navegar por el lago y observar su fauna y riqueza botánica. Algunos mantienen la tradición de barcas impulsadas por la vela latina y el uso de la percha, apoyada sobre el fondo del lago, para avanzar.

El momento más atractivo de la visita al parque se produce durante el crepúsculo, cuando la puesta de sol pinta con mil colores el cielo y el horizonte de montañas.

Pescadores de L'Albufera

Calamón Común (*Porphyrio porphyrio*)

↑ Recuperación de dunas en la playa de El Saler   ↓ Arrozales

El Saler

El litoral del parque ofrece la posibilidad de disfrutar de buenas playas. La más frecuentada es la del Saler, porque está conectada con el núcleo urbano donde se encuentran buenos restaurantes y alojamientos. Tomar el baño es el complemento adecuado después de una primera parte de la jornada destinada a observar la naturaleza. Las playas se sitúan en la restinga de dunas y charcas que acabó uniendo las desembocaduras de los ríos Turia y Júcar, por los materiales arrastrados durante milenios.

El Palmar

El Palmar es un pueblo que se formó entre las aguas del lago y los canales del parque, donde vive la gente que mejor conoce las costumbres de la pesca y la caza de patos en L'Albufera. Sus calles están ocupadas por numerosos restaurantes para consumir una buena paella a cualquier hora del día y otras especialidades de la gastronomía valenciana, como anguilas, mejillones y marisco fresco. Antes de llegar a El Palmar se encuentra el centro de observación de aves del parque.

Los arrozales

El marjal está dedicado al cultivo del arroz, en terrenos conquistados a las aguas del lago. A través de un sistema de subida del nivel de las aguas, los campos se inundan para hacer crecer la simiente del arroz y luego se vuelven a desecar.

La barraca

Al acceder a El Palmar se encuentran algunos ejemplos de barracas, construcción tradicional de la huerta valenciana que en la actualidad ni se construye ni se usa como vivienda. Es un edificio de planta rectangular con una cubierta con mucha pendiente, construida con cañizo, paja y cañas, productos todos ellos que crecen en el terreno. Las paredes son de ladrillos de adobe.

El Palmar

Barraca de Amparo en El Palmar

L'Horta de València

La huerta valenciana, la gran extensión de campos cultivados que rodean a la capital por el norte y por el sur, es una creación del período islámico. Aunque los romanos introdujeron antes los cultivos de la vid, olivo y cereales en este territorio, el cambio agrícola importante se generó con la presencia de los árabes durante siete siglos, cultura que consolidó una gran red de acequias y de pequeñas presas (azudes) que regulaban el caudal del río, y permitían transformar en regadío una extensión de territorio muy amplia. En esa época comenzaron a cultivarse productos hortícolas, arroz, chufa, también alcachofa y berenjena, y a esta oferta, en tiempo reciente se añadieron los cítricos.

De aquellos tiempos procede el milenario Tribunal de les Aigües, institución que administra justicia sin papeles en los conflictos que surgen en el reparto de agua a través de las ocho acequias mayores de la ciudad de Valencia: Montcada, Tormos, Mestalla, Rascanya, Quart, Mislata, Rovella y Favara. En la Puerta de los Apóstoles de la Catedral tiene sesión cada jueves por la mañana. En la misma plaza de la Virgen, la fuente central es un homenaje a la red de acequias.

Durante años la huerta valenciana ha estado abasteciendo los mercados nacionales e internacionales con productos frescos del día. Ahora esta actividad agrícola no es la prioritaria en la economía valenciana, porque el sector industrial y los servicios (sobre todo turismo) aportan más volumen de ingresos al PIB valenciano. Sin embargo, la presencia geográfica de la huerta se mantiene allí donde la especulación para urbanizar e industrializar el territorio no ha llegado con la misma presión como la ejercida en los barrios periféricos de la capital.

En un recorrido en coche por el Bulevar Norte y también por el Bulevar Sur se pueden descubrir todavía campos cultivados a diario, alquerías y masías que siguen aprovechando sus huertas

← **En bicicleta por el inicio de la Via Xurra, al fondo, Cooperativa Espai Verd**

Acequia en un campo de chufas

Hortelano

↑ **Preparando el terreno para la siguiente siembra de chufa** ↓ **Monasterio de San Miguel de los Reyes**

y campos de frutales, acequias y caminos que parcelan la huerta en espacios reducidos de intensa explotación. En general, el agricultor es propietario de su campo, y, por esta razón, muestra interés en cultivar y obtener varias cosechas al año.

La horchata de Alboraya

Las huertas que rodean Alboraya, población situada al norte de Valencia, están destinadas a la chufa, planta de la que se extrae una bebida refrescante llamada horchata. Las chufas son pequeños tubérculos con forma de nudos. Su nombre procede del italiano y significa agua de cebada. Posiblemente al principio tuvo un color más oscuro y se le asoció a bebidas hechas con cebada y almendra. Se toma con *fartons* (bollos ligeros) en las horchaterías, bares dedicados exclusivamente a servir horchata líquida o granizada y una variante de leche merengada.

Monasterio de San Miguel de los Reyes

Sobre un monasterio de la Orden del Cister, fundado en el siglo XIV, se levantó este monasterio de los Jerónimos en el XVI. El espléndido conjunto arquitectónico, que está rodeado de huertas en una zona al Norte de la ciudad, es la sede de la Biblioteca Valenciana y de la Acadèmia Valenciana de la Llengua. Lo construyeron Germana de Foix, viuda de Fernando el Católico, y su esposo Fernando de Aragón, duque de Calabria y virrey de Valencia de 1526 a 1550, para que en su iglesia se honrara sus restos mortales. Se considera el precedente de El Escorial al ser construido por los arquitectos renacentistas Alonso de Covarrubias y Juan de Vidaña.

Chufas

L'Horta valenciana nos ofrece diferentes variedades de judías

Fiestas, tradiciones y gastronomía

Una falla en la *Nit de la Cremà*

El inicio de la primavera y el final del verano son las épocas del año que ofrecen más animación festiva en las poblaciones valencianas. La tradición de las Fallas se impuso a la consideración de fiesta mayor de Valencia que tuvo la procesión del Corpus durante siglos, y asimismo quitó notoriedad a la festividad de la patrona en mayo, al incorporar en el programa fallero actos relacionados con el culto a la Virgen de los Desamparados. Cada fiesta tiene su gastronomía típica, si bien la popularidad de la paella la ha convertido en el plato imprescindible de todas las fiestas de la ciudad.

Fallas

El viaje a Valencia en marzo, en el umbral de la primavera, está justificado por el atractivo de las fiestas tradicionales de las Fallas, dedicadas a San José (19 de marzo). Desde el 1 de marzo, y en especial del 16 al 19 de marzo, la fiesta está en la calle con demostraciones de pólvora, fuegos artificiales, arte y música, manifestaciones festivas que acompañan a centenares de monumentos de madera y cartón que ocupan las calles. Las escenas de *ninots* (figuras de cartón) que integran la falla, ridiculizan y critican aspectos de la vida valenciana y de las costumbres de hoy en general. Cada falla tiene su comisión de barrio, que durante todo el año promueve reuniones en el *casal* de carácter organizativo y para recaudar fondos. Las fallas más monumentales se plantan en Valencia, pero también se programan en poblaciones fuera de la capital.

Ofrenda

Los falleros desfilan con flores ante la Virgen de los Desamparados. Los ramos son de claveles. Cada año se eligen los colores de la flor, según el diseño del traje elegido para la gran estatua de la Virgen.

Mascletà

A las 14 horas miles de personas se agolpan en la plaza de l'Ajuntament. Durante diez minutos la pólvora estalla con estruendo. Sólo la *Nit del Foc* (noche del fuego) se dispara fuera de esta plaza.

Museo Fallero

Este museo se creó para mostrar los *ninots* que cada año se salvan del fuego que quema todas las fallas la noche del 19 de marzo. Por votación popular se vota la figura que más gusta al público.

Corpus Christi

Desde época medieval fue la fiesta grande de la ciudad, en la que todos los gremios artesanos y los diferentes estamentos de la vida ciudadana, salían en procesión, acompañados por carrozas, figurantes representando episodios bíblicos y representantes de las parroquias. Su fecha es variable, pues corresponde al primer domingo después de la octava de Pentecostés.

El programa consta de varios episodios que se desarrollan por las calles más vistosas del centro histórico. Comienza con la cabalgata del convite, los enanos y gigantes, las famosas danzas y el lanzamiento de agua a la comparsa organizadora.

Por la tarde desfilan los carros triunfales empujados por caballerías. Por último, desfila la gran custodia, acompañada por comulgantes de las parroquias históricas.

La Custodia

Es una de las más bonitas de España. Su ornamentación de plata pesa 600 kilos y las piezas de oro 8 kilos. A su paso recibe pétalos de rosas desde los numerosos balcones de las casas de la Seu y del Mercat.

Les Roques

Carrozas medievales que desfilaron por primera vez en 1373. La antevíspera del Corpus salen a la calle, empujadas por seguidores de la fiesta, para ser admiradas por el público en la plaza de la Virgen.

La Moma

Representa a la virtud, rodeada por los siete pecados capitales con los que ejecuta varias danzas. Bajo la indumentaria se esconde un hombre, tapado por un antifaz y una falda blanca.

Todo el año

En Valencia hay fiestas para todos los gustos y creencias. El calendario festivo honra tradiciones con tracas y disparo de fuegos artificiales, sonidos de bandas de música y bailes regionales. La industrialización no ha impedido que las fiestas sigan mostrando un mundo artesanal, vinculado a la creación artística. Destaquemos algunas. Cada 9 de octubre se recuerda cuando en 1238 Jaime I conquistó Valencia a los árabes. Es el día nacional de los valencianos, porque representa la creación de su autogobierno. La fiesta de Semana Santa sólo se celebra en los barrios marítimos. Destacan las procesiones del Santo Entierro y el Desfile de Gloria. El 23 de junio tiene lugar la noche más corta del verano. El ritual consiste en saltar siete veces sobre las olas del mar para que cumplir los deseos y cenar en torno a una hoguera. Por último, hay que destacar la celebración el segundo domingo de mayo del traslado de la Virgen de los Desamparados desde su basílica a la Catedral y la procesión por el centro histórico. Desde 1885 es patrona de la ciudad.

Virgen de los Desemparados

La *senyera* durante el 9 d'Octubre

Fiestas en comarcas

El calendario anual de fiestas en comarcas tiene más diferencias que coincidencias con el de la capital. Los Moros y Cristianos en Ontinyent, Bocairent y Albaida evocan los conflictos de frontera que mantuvieron ambos pueblos durante siglos. Destaca el lujo de la indumentaria y la celebración de las entradas y embajadas. La Muixeranga es el nombre del conjunto de danzas y torres humanas que se celebra en Algemesí el 7 y 8 de septiembre. La tonadilla que se interpreta con *tabalet* y *dolçaina* es muy popular. La Cordà de Paterna tiene lugar la madrugada siguiente al último domingo de agosto. Los tiradores queman más de 2 000 cohetes borrachos por minuto. Las llamadas Fogueres de Sant Antoni Abat inician a mediados de enero el ciclo de fiestas del fuego. La hoguera de Canals es la más alta, alcanza los 20 metros. Por último hay que resaltar la Tomatina de Buñol. El último miércoles de agosto, en la plaza principal del pueblo, entran camiones cargados de toneladas de tomates maduros para que los lancen miles de participantes vestidos de blanco.

Moros y Cristianos

La Muixeranga

La Tomatina

Gastronomía

En Valencia se comen todos los productos frescos que ofrece la huerta en cada época del año y las variedades de pescado y marisco que llegan a las lonjas. También se nutre de carnes procedentes de animales de corral y del arroz que se cultiva en L'Albufera. Como complemento, los cítricos y los viñedos junto a variados árboles frutales, permiten elaborar una gastronomía de sabores muy diversos. Los innumerables tipos de platos de arroz que se elaboran, convierten a este cereal en el ingrediente básico de la cultura culinaria de Valencia. La paella típica se hace con fuego de leña. A las hortalizas del tiempo se les añade pollo y conejo, incluso caracoles. Hay comarcas que agregan pimiento, judías secas y costillas de cerdo. La paella es un plato agradecido, acepta casi todos los ingredientes.

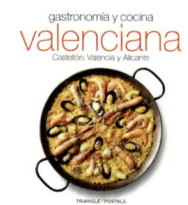

Gastronomía y cocina valenciana
ISBN: 978-84-8478-588-0

Esgarrat
Entrante que se elabora con pimiento rojo, asado y cortado en tiras, ajos cortados en finas láminas y lomos de bacalao inglés desmigados. Se suele servir acompañado de pan tostado. El pimiento se asa a la brasa.

Pimientos rellenos
En valenciano *pimentons farcits*, *pebreres farcides* o *bajoques farcides*, dependiendo de la localidad. El pimiento rojo se rellena de arroz cocinado con tomate, ajo, atún, judías, canela y azafrán. Permanece al horno hora y media, y luego se deja reposar 30 minutos.

Fideuà
La tradición acredita que unos pescadores quisieron hacer paella en alta mar. Al no tener arroz pusieron fideos en su lugar. Se cocina con gambas, cigalas, sepia, rape, calamar y pescado para caldo.

Paella

La más popular se elabora con carne de pollo y conejo, judías verdes planas, tomate picado, judiones tiernos conocidos por el nombre de *garrofó*, alubias y azafrán. Al final se añade el arroz, que cuece a fuego lento unos 13 minutos.

Arroz al horno

Garbanzos y patata cortada en rodajas son la base del plato. Se agregan trozos de costilla y panceta para cocer en cazuela de barro. El arroz es lo último que se añade. Se sirve con morcilla y cabeza de ajos.

Arroz negro

Típico de la gente del mar, pues se cocina con gambas, sepia y pescado para caldo (morralla). La tinta de la sepia añade el color negro. Se suele servir meloso. Se suele acompañar de ajoaceite (*all i oli*).

Arnadí de calabaza y boniato

Postre de origen árabe, que transforma la calabaza en pasta cocida al horno con azúcar, almendras y piñones. Hay quien añade pasta de boniato. En algunos pueblos se consume durante la Semana Santa.

Y también...

Fuera de la capital las rutas turísticas de la provincia descubren un bello patrimonio artístico vinculado a centros de espiritualidad, emplazamientos árabes, tradiciones artesanas, presencia de la romanización y arraigo musical. La hegemonía valenciana en el Mediterráneo durante el siglo xv también dejó huellas importantes. El paisaje tiene un valor patrimonial, en especial los campos de cítricos y de arroz.

Cerámica de Manises

Manises y Paterna fueron núcleos productores de cerámica. La de Manises transformó la tradición árabe al aplicar reflejos dorados y trazos azules sobre blanco. En Paterna se trabajó con los colores verde y morado.

Monasterios

Numerosos monasterios como Santa María de la Valldigna, El Puig, Portaceli, Sant Jeroni de Cotalba, Llutxent y La Murta permiten reconstruir su influencia cultural. Situados en emplazamientos de gran belleza natural.

Murallas árabes

Aunque las de mejor aspecto se encuentran en el centro histórico de Alzira, otras fortificaciones construidas durante siete siglos de ocupación árabe permanecen en la base de numerosos castillos y templos.

Bandas de música

Tradición cultural muy arraigada en las fiestas del pueblo valenciano. Niños y jóvenes estudian los instrumentos musicales en aulas de las agrupaciones. Las dos más reconocidas tienen su sede en Llíria.

Sagunto

Cuna de la romanización, conserva el castillo sobre una colina situada en el trazado de la Vía Augusta. En la ladera de la montaña se ha reconstruido el teatro romano, donde se celebra un festival de verano.

Palacio Ducal de Gandia

Mansión señorial, que se visita en el centro urbano de Gandía, construida junto al río. Conserva el patio de armas de estilo gótico y una galería dorada del XVII. Perteneció a San Francisco de Borja.

Carcaixent

En esta ciudad de la Ribera en 1781 se cultivó el primer huerto de naranjas. La oficina de turismo ofrece una ruta turística por el Almacén de Ribera, la estación agraria, el parque Navarro Darás y huertos de la zona.

Edita
© **Triangle Postals**

Texto
© **Jaime Millás**

Fotografías
© **Joan Colomer**, solapa, p. 12a, 13a, 18ab, 19b, 21ac, 24ab, 25a, 26abc, 27c, 30b, 31ab, 34, 35a, 36, 38c, 45b, 49ab, 51b, 54bc, 55ac, 57abcd, 62d, 72a, 66a, 80ab, 81ab, 92ab, 93a, 94a, 95, 99, 102b, 103b, 110a, 111ab, 112, 113a, 114b, 126abc, 127b, 129ac © **Hans Hansen**, p. 13b, 22, 23abc, 32ab, 38a, 42a, 43a, 45c, 52, 55b, 56bc, 67abc, 68ab, 69abc, 70, 75bc, 90, 93b, 120, 121abc, 127a, 140b, solapa © **Rafa Pérez**, p. 5, 15c, 17b, 19ac, 20ab, 25b, 27a, 30a, 35b, 38b, 44a, 45d, 56a, 58, 61b, 62abc, 77a, 78b, 84b, 86a, 87ab, 88a, 94b, 96b, 97c, 103a, 113b, 114a, 127c, 140a © **Laia Moreno**, portada, p. 2, 6, 7, 10, 11ab, 12b, 14ab, 15b, 16a, 17a, 24c, 33b, 37a, 39c, 41b, 42b, 43b, 44b, 45a, 46, 47b, 48, 50, 51ac, 53ab, 54a, 60, 61a, 64ab, 65b, 66b, 73b, 74ab, 75a, 85ab, 88b, 89b, 97b, 98b, 100, 102a, 104a, 105, 118, 119ac, 140c © **Ricard Pla**, p. 16b, 21b, 28ab, 29abc, 33a, 37b, 41a, 47ac, 53c, 65a, 78a, 79, 96a, 98a, 106 © **Biel Puig**, p. 15a, 27b, 39ab, 40ab, 73a, 76, 77b, 82, 84a, 86b, 129b © **Oriol Aleu**, p. 108, 109a, 115ab, 124abc, 125abcd, 127d © **Pere Vivas**, p. 4, 63ab, 89a © **Lucas Vallecillos**, p. 116 © **Agència Districte i Handrich**, p. 39c © **Agència Valenciana del Turisme**, p. 122a, 123abc © **CAHH | Adolfo Benetó**, p. 26a © **Feria Valencia**, p. 104b © **Iglesia de San Nicolás de Bari y San Pedro Mártir**, p. 22, 23abc © **Joan M. Linares**, p. 110b © **Kai Fosterling**, p. 97a © **Mateo Gamón**, p. 72b © **Sebastià Torrents**, p. 109b © **Turismo Valencia**, p. 122b

Dirección de arte
Ricard Pla

Diseño
Joan Colomer

Impresión
Gongraf

Depósito legal
Me 355-2017

ISBN
978-84-8478-764-8

Impreso en Barcelona
8-2024

TRIANGLE POSTALS, SL
Sant Lluís, Menorca
Tel. +34 971 15 04 51
www.triangle.cat

Este libro no podrá ser reproducido total ni parcialmente mediante ningún procedimiento, incluidos la reprografía y el tratamiento informático, sin la autorización escrita de los titulares del *copyright*.

Agradecimientos
Agència Valenciana del Turisme
Bolsa de Valencia
Bombas Gens Centre d'Arts Digitals
Catedral de València
Centre Cultural de Beneficència
Centro de Arte Hortensia Herrero
Circuit de la Comunitat Valenciana Ricardo Tormo
Col·legi d'Art Major de la Seda
Feria Valencia
IVAM Institut Valencià d'Art Modern
Museu d'Història de València
Museu de Belles Arts de València
Oceanogràfic València
Iglesia de San Nicolás de Bari y San Pedro Mártir
Palacio de Congresos de Valencia
Pouet de Sant Vicent Ferrer
Universitat de València – Jardí Botànic
Turismo Valencia
Hotel Venecia

Triangle▸Books

www.triangle.cat

Anexo Rutas temáticas

Valencia

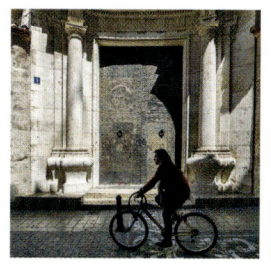

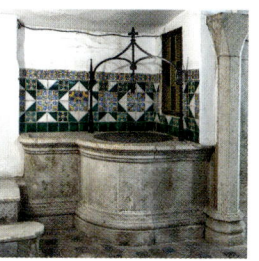

Valencia permite satisfacer la mirada singular de los viajeros que pasean por sus calles en busca de las huellas biográficas de un pintor, un escritor o un músico. Da respuesta viajera a aquellos que quieren contemplar en directo la belleza y majestuosidad de un monumento que encierra una leyenda o que está vinculado a la gestación de un mito. Es una ciudad que atiende a quienes buscan el paisaje natural que fue escenario de una película, una novela o una serie de televisión. Para atender estos y otros gustos e intereses turísticos, el viajero puede elaborar unas rutas de mayor o menor complejidad, cuyo itinerario se establece en función del tiempo que se dispone y del esfuerzo físico que se quiere emplear en el desplazamiento.

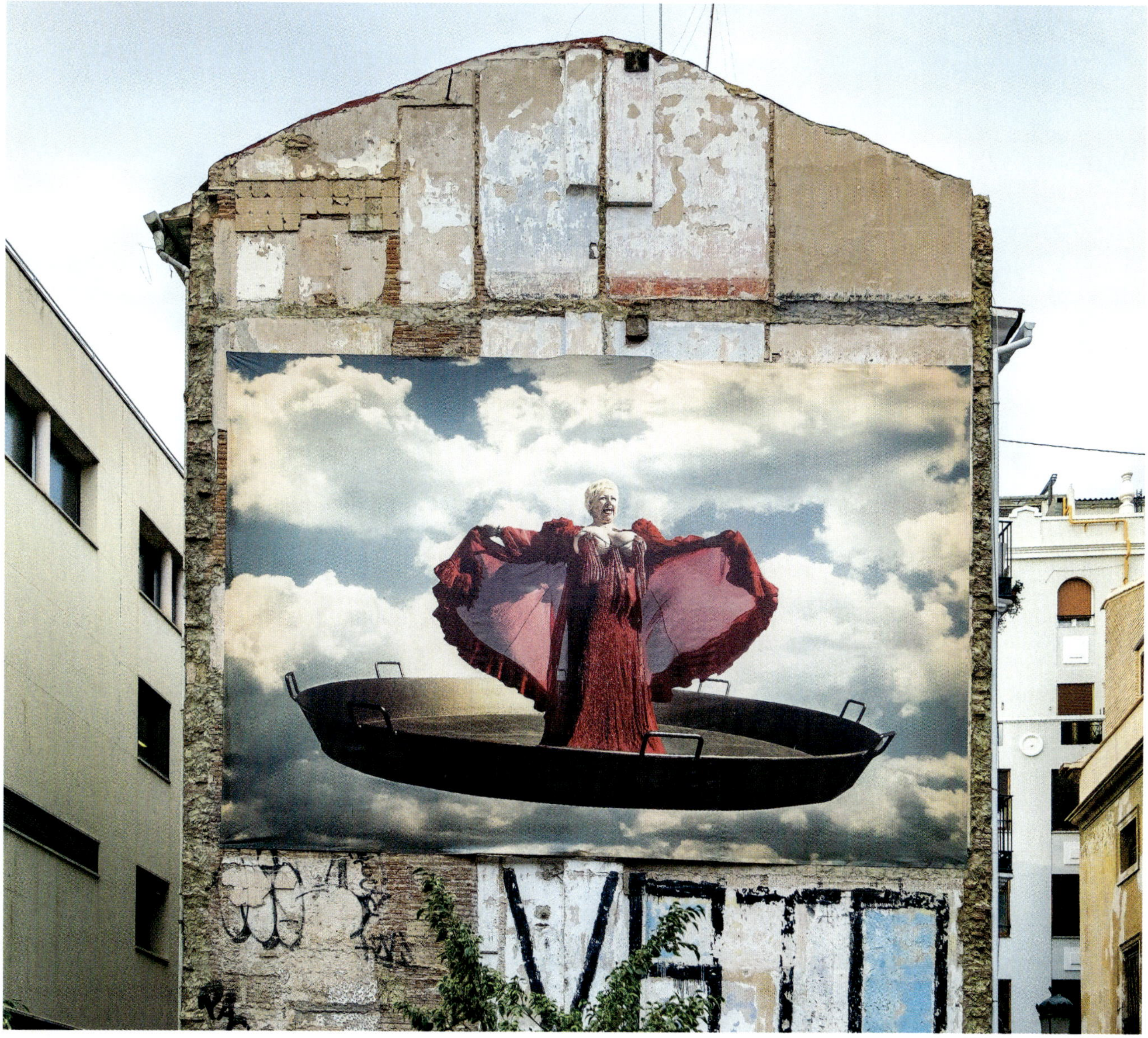

Rutas de Sorolla y Blasco Ibáñez

La biografía de **Joaquín Sorolla** se descubre en la placa colocada en su casa natal (de les Mantes, 8) en el barrio del Mercat, y en Sant Francesc, en la iglesia de San Martin, donde se casó con Clotilde, hija del famoso fotógrafo Antonio García. En el Convento del Carme aprendió a pintar. En el Museo de Bellas Artes se exponen sus obras. El monumento de la plaza Armada Española recuerda sus pinturas de playa.

También el escritor **Vicente Blasco Ibáñez** compartió con él creaciones relacionadas con el mar en su chalet de la Malvarosa, convertido hoy en casa museo. En la calle Editor Manuel Aguilar se documenta su lugar de nacimiento. Una escultura de Nassio Bayarri le recuerda en el barrio del Mercat, ambiente popular que recreó en novelas.

● Ruta Sorolla

1 Casa natalícia (c/ de les Mantes) **2** Antigua Escuela de Artesanos **3** Centro del Carme **4** Primer estudio de pintura **5** Segundo taller de pintura **6** Escalones de la Llotja de la Seda **7** Iglesia de San Martín **8** Casa-Museo Benlliure **9** Palacio de la Exposición **10** Museo de Bellas Artes **11** Playa de la Malva-rosa **12** Casa dels Bous **13** Monumento de Valencia a Sorolla.

● Ruta Blasco Ibáñez

1 Casa natalícia (c/ Editor Manuel Aguilar) **2** Mercat Central **3** L'Albereda **4** Universidad Literaria **5** Plaza del Forn de Sant Nicolau **6** Lo Rat Penat **7** Teatro Principal **8** Casa-Museo Vicente Blasco Ibáñez **9** Centro del Carme **10** El Cabanyal **11** Playa de la Malva-rosa **12** Huerta de Valencia **13** L'Albufera **14** Plaza Porxets **15** Biblioteca Valenciana (Monasterio de San Miguel de los Reyes).

Ruta modernista

El modernismo tiene en Valencia cinco zonas de interés. La primera, el Eixample y el Mercado de Colom. La Estación del Norte, Plaza de l'Ajuntament y calle de la Pau es el segundo espacio para recrearse con el trabajo de los arquitectos. La tercera zona corresponde al Mercado Central. Al otro lado del río se encuentra la cuarta zona modernista: los edificios de las Exposiciones Regional (1909) y Nacional (1910). Por último, en los Poblats Marítims se contemplan la versión popular del modernismo y los tinglados portuarios.

Eixample **1** Casa Sancho (Gran Vía Marqués del Túria, 1) **2** Casa Ortega (Gran Vía Marqués del Túria, 9) **3** Casa Noguera II (Gregori Maians, 3) **4** Mercado de Colom (Jorge Juan, 19) **5** Edificio Bernardo Gómez (Jorge Juan, 9) **6** Casa de los Dragones (Jorge Juan, 1-3) **7** Casa Cortina (Sorní, 23) **8** Casa Tatay (Gran Vía Marqués del Túria, 63) **9** Casa Barona (Gran Vía Marqués del Túria, 70) **10** Casa Chapa (Gran Vía Marqués del Túria, 71) **11** Casa Peris (Ciril Amorós, 74) **12** Casa Ferrer (Ciril Amorós, 29).

Estación del Norte - Plaza de l'Ajuntament - Calle de la Pau

13 Estació del Nord (Xàtiva, 24) **14** Fachada del Ayuntamiento **15** Casa Noguera I (Plaza de l'Ajuntament, 22) **16** Casa Suay (Plaza de l'Ajuntament, 23) **17** Banco de la Exportación (Pascual i Genís, 2) **18** Edificio Niederleitner (Pascual i Genís, 22) **19** Casa Grau (Pau, 36) **20** Casa Sagnier (Pau, 31) **21** Edificio de viviendas (Pau, 21-23) **22** Edificio de viviendas (Pau, 46).

Mercat Central - La Seu

23 Mercado Central **24** Casa Ordeig (Plaza del Mercat, 3) **25** Casa del Punt de Gantxo (Plaza de l'Almoina, 4).

Palacio de la Exposición

26 Palacio de la Exposición Regional Valenciana de 1909 (Galícia, 1) **27** Balneario de la Alameda (Amadeu de Saboia, 14) **28** Palacio de la Industria (Amadeu de Saboia, 13).

Poblats Marítims

29 Tinglados **30** Varadero **31** Docks comerciales **32** Hospital Valencia al Mar (Riu Tajo, 1) **33** Modernismo popular en el Cabanyal (Reina, 61, 80, 164, 173) (Barraca, 198, 252) (Lluís Navarro, 219, 249, 305, 309) (Progrés, 262, 279) (Josep Benlliure, 275, 316, del 313 al 329) (Eduard Escalante, 225, 244, 263, 265).

Ruta a pie por el Centro Histórico

En poco más de una hora se puede conocer a pie lo más destacado del centro urbano, que estuvo cerrado por una muralla hasta finales del XIX. Desde las Torres dels Serrans a las de Quart, pasando por las sedes de la Generalitat, Corts Valencianes, Ayuntamiento, Diputación, sin olvidar los principales monumentos góticos, barrocos, neoclásicos, el origen romano y pasado árabe de la ciudad, y su animado mercado modernista.

1 Torres dels Serrans **2** Palacio de Benicarló. Corts Valencianes **3** Palacio de Batlia. Diputación **4** Palacio del Marqués de la Scala **5** Palau de la Generalitat **6** Basílica Virgen de los Desamparados **7** Catedral de Valencia **8** Plaza de la Reina **9** L'Almoina **10** L'Almodí **11** Palacio del Marqués de Dos Aguas **12** Palacio dels Boïl d'Arenós **13** Ayuntamiento de Valencia **14** Lonja de la Seda **15** Mercado Central de Valencia **16** Torres de Quart.

Ruta de la Seda

El Colegio del Arte Mayor de la Seda permite conocer la que fue la actividad económica prioritaria en la ciudad hasta finales del xix. Al lado, la librería Patagonia documenta que Valencia fue hasta 2020 capital europea de la Ruta Internacional de la Seda, a 9.090 kilómetros de Xian, donde comienza. En el barrio de Velluters se ubicaban los talleres de manipulación de la seda. En la Lonja se cerraban las operaciones comerciales.

Ruta Valencia en Fallas

En Fallas las calles se llenan de preciosos trajes de seda. En la ofrenda de flores a la patrona de la ciudad en la Plaza de la Virgen, millares de falleras lucen telas de todos los colores y dibujos. En esta ruta hay que visitar las fallas que reciben los premios artísticos más relevantes. El balcón de la plaza de l'Ajuntament durante la *mascletà* de mediodía reúne a la fallera mayor y su corte. Para conocer las esculturas que se salvan del fuego, visitar el Museo Fallero.

Ruta de la Seda: 1 Colegio del Arte Mayor de la Seda **2** Librería Patagonia **3** La Lonja de la Seda **4** Plaza de la Virgen | **Fallas: 5** Plaza de l'Ajuntament **6** Na Jordana (Portal Nou) **7** Plaza Convent Jerusalemn **8** Plaza del Pilar **9** Cuba **10** Sueca-Literat Azorín **11** Regne de València-Duc de Calàbria **12** Almirall Cadarso-Comte Altea **13** Museo Fallero.

Valencia en bici

Por ser una ciudad llana, con pocos días de lluvia y temperatura media agradable, el uso de la bicicleta está recomendado. Permite conocer sin prisas el ambiente urbano. Las distancias en el centro histórico no resultan especialmente largas. Los itinerarios del centro al puerto y a las playas urbanas también son cómodos y sin ninguna dificultad de accesibilidad.

Valenbisi es un servicio que permite con un abono coger la bicicleta en el punto de salida y aparcarla en el destino, al final de la ruta urbana. También existen numerosas tiendas de alquiler en las zonas más turísticas, como son el centro histórico y las cercanías del viejo cauce del río.

Un anillo ciclista de 5 km facilita el recorrido del perímetro de la antigua muralla de la ciudad, siguiendo el recorrido del autobús 5-Interior. Este itinerario permite tener una visión general de los barrios más tradicionales de Valencia.

Desde este cinturón interior salen siete ramales que unen

| | 0 | 100 | 200 m | | — Carril Bici | — Ruta en Bici | 🚲 Estaciones de **Valenbisi** cercanas a la ruta | www.valenbisi.es |

el centro con la ciudad universitaria, el puerto, las playas del Norte y del Sur y otros destinos de interés.

La ruta que transcurre por el jardín del Turia es la más cómoda porque no registra tráfico de coches y autobuses.

Otra ruta ciclista para viajeros con arraigo deportivo son los 24 km de ida y vuelta que se recorren por una pista litoral situada junto a las playas meridionales, hasta llegar al Parque Natural de L'Albufera.

Valencia Ruta en Bici

1 Jardín del Turia **2** Torres dels Serrans **3** Plaza de Manises **4** Plaza de la Virgen **5** Catedral y Micalet **6** Plaza de l'Almoina **7** Palacio del Marqués de Dos Aguas **8** Antigua Universidad de Valencia **9** El Patriarca **10** Puente de la Exposición **11** Antigua fábrica de Tabacos **12** Palacio de la Exposición **13** Puente de las Flores **14** Palau de la Música **15** Ciutat de les Arts i les Ciències **16** La Marina de València **17** Paseo Marítimo.

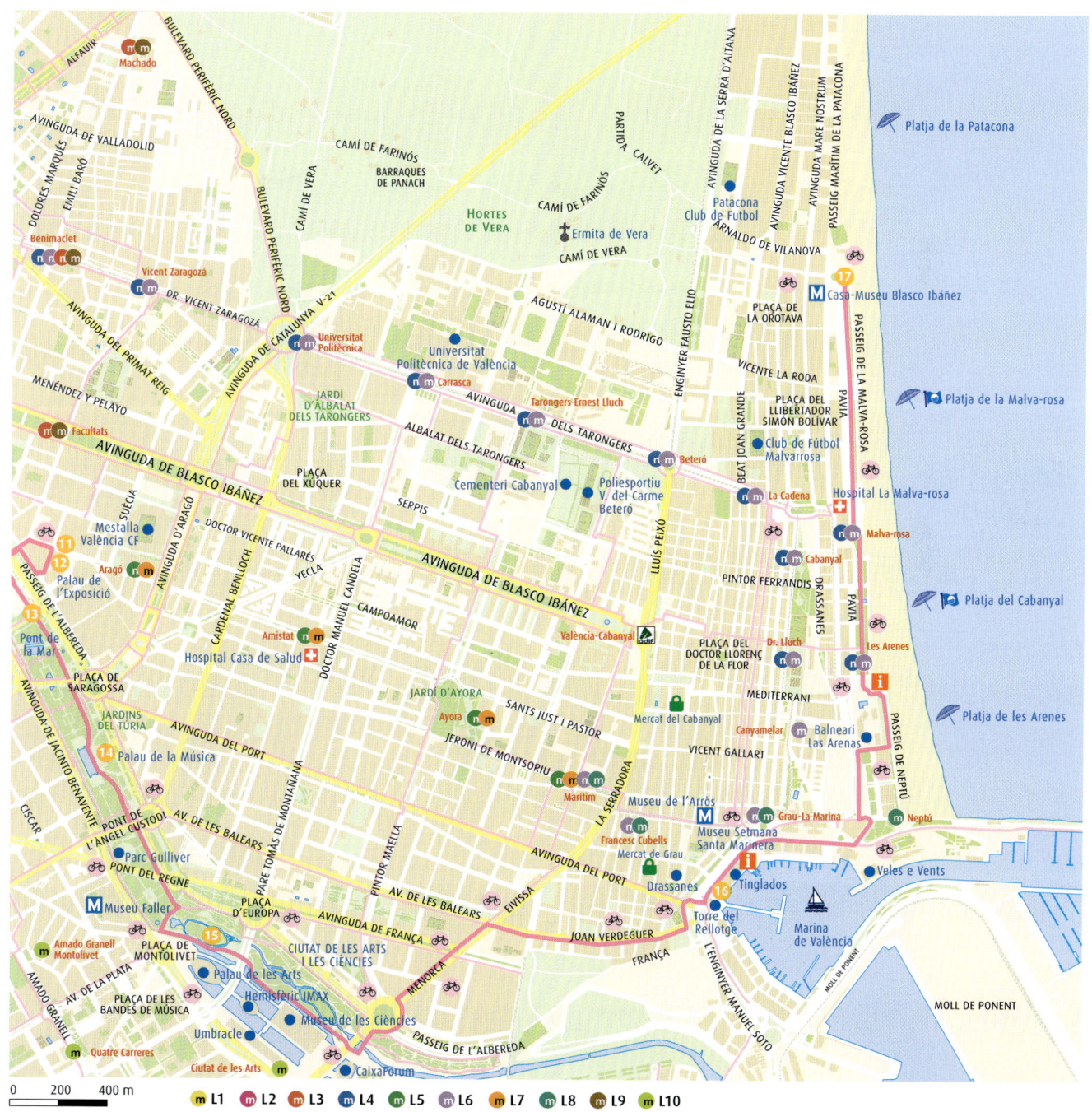

m L1 m L2 m L3 m L4 m L5 m L6 m L7 m L8 m L9 m L10

Rutas por L'Albufera

El parque natural de L'Albufera se puede recorrer a pie por la zona de dunas, y en barca la parte del lago. En varios embarcaderos de pescadores hay barcas en alquiler, que permiten adentrarse en el lago y observar su fauna y riqueza botánica. En El Palmar se encuentra el Centro de Interpretación del parque, ubicado en el paraje del Racó de l'Olla, y una torre de observación de aves migratorias que anidan entre los cañaverales de la Mata de Fang.

Ruta a pie por L'Albufera

Diversos son los puntos de partida de los itinerarios señalizados. Respeten las indicaciones y normas del parque. **La Devesa de l'Albufera: 1** Itinerario botánico **2** Itinerario de los sentidos **3** Itinerario histórico del Saler **4** Itinerario historico de Pujol **5** Itinerario lúdico de la playa **6** Itinerario paisajístico | **Parc Natural de l'Albufera de València: 7** y **8** Ruta roja: El Racó de l'Olla **9** Ruta verde: Na Molins **10** Ruta azul: Port de Catarroja - Tancat de la Pipa.

L'Horta en bici por la Via Xurra

La Via Xurra es una ruta verde para ciclistas situada sobre la plataforma de un trazado ferroviario, que fue desmantelado, que atraviesa los municipios más agrícolas de L'Horta Nord de Valencia. Su nombre procede de la línea ferroviaria que enlazaba la capital del Turia con Zaragoza, llamada Via Xurra. A los aragoneses y a los valencianos del interior que hablan castellano con acento aragonés en Valencia se les llama churros.

Tiene un recorrido de 18 km, sin ninguna dificultad ya que el trazado es completamente llano. Comienza al inicio del Bulevard Nord, junto a la salida de Barcelona, y termina en la estación ferroviaria de Puçol. Por la misma zona en la actualidad circulan los trenes de cercanías de Rafelbunyol, que en realidad son una prolongación del Metro, y la línea de larga distancia de Barcelona.

La plataforma es de tierra compactada, por lo que permite circular incluso en silla de ruedas, excepto en un tramo de 800 metros situado entre Meliana y Albalat dels Sorells.

La ruta cruza los amplios campos de chufas de Alboraya, el popular barranco de Carraixet y se adentra entre naranjales y huertas que muestran la riqueza agrícola del área metropolitana de Valencia.

Uno de los puntos más pintorescos es cuando se atraviesa el paraje de la antigua Cartuja Ara Christi, transformada en centro social de bodas y convenciones, y las colinas de El Puig, desde donde Jaime I preparó la conquista a los árabes de *Balansiya* (Valencia).

1 Campos de chufa de Alboraya
2 Barranco de Carraixet
3 Naranjos de La Pobla de Farnals
4 Cartuja Ara Christi
5 Colinas de El Puig
6 Puçol

Tapas y aperitivos

En Valencia hay infinidad de bares, distribuidos por todos los barrios, para sentarse a tomar una cerveza o un vino con tapa, bocadillerias con mezclas muy sabrosas, cervecerías de marca y franquicias de aperitivos y montaditos, que permiten satisfacer el estómago sin echar mano del menú o la carta. Las tapas más solicitadas: sepia a la plancha, calamares fritos, *esgarraet*, clóchinas al vapor, albóndigas de bacalao, caracoles, tellinas, patatas bravas. Algunos bares con tradición local: Tasca Ángel (Estamenyeria Vella, 2), La Pilareta (Moro Zeit, 13), Taberna Vasca Ché (Avenida Regne de València, 9), Maipi (Mestre Josep Serrano, 1), Bodega Montaña (Josep Benlliure, 69).

Vermut

Valencia para *runners*

La tradición de carreras populares (la San Silvestre en Navidad), las numerosas *voltes a peu* (vueltas a pie) que se convocan en los barrios, han favorecido que en los últimos años, con el empuje de la Sociedad Deportiva Correcaminos y el Ayuntamiento, Valencia se convierta en noviembre en capital europea del running. Moviliza unos 30.000 atletas entre el maratón y la carrera 10K. La proyección internacional es evidente al participar cerca de 60 países (Italia y Países Bajos, sobre todo).

El circuito abierto en el jardín del Turia moviliza todos los dias a centenares de runners, al igual que los recorridos por el paseo marítimo y el puerto. Son circuitos en llano, sin riesgo de lluvia o frío.

Jardín del Turia

Valencia con niños

El jardín del Turia ofrece a los niños tres zonas de interés. En el Parque de Capçalera la visita a los animales del Bioparc y el paseo por el lago en un patín. Antes de llegar al Oceanogràfic, el gigante Gulliver espera a los niños acostado sobre el antiguo lecho del río. Reproduce en grandes dimensiones (67 metros de largo y 9 de altura) el personaje creado por Jonathan Swift. Los pliegues de su ropa son toboganes gigantes. Luego, en el gran parque acuático, el delfinario, las belugas y los pingüinos encantan a los niños. Pasear en barca por el lago de L'Albufera es otra recomendación. En los parques de Doctor Waksman y Germans Maristes se juega con los personajes de Blancanieves y Mortadelo y Filemón, respectivamente.

Parque Gulliver